「Life is Beautiful」油彩 ©Miyuki H

一寸先は　光です。
これが　宇宙の　真実です。

一寸先は光です

風の時代の生き方へ

はせくらみゆき

青林堂

はじめに

令和2（2020）年の冬至を境に、風の時代が始まったといわれています。
風の時代とは、西洋占星術における約20年に一度起きる、木星と土星の大接近―グレートコンジャンクションが、今まで約200年間続いていた「地」（土）を象徴する星座（牡牛座・乙女座・山羊座）の場から、「風」を象徴する星座の宮（水瓶座）で起こりましたよということであり、大きな時代意識の転換点として注目を集めているとらえ方です。

なぜ木星と土星の大接近の位置が重要かというと、社会意識をリードする惑星である木星と、時代のルールを創る惑星である土星が、約20年に一度のサイクルで同じ星座に入ることで、強いエネルギーが形成され、社会に影響をもたらすからです。

今回、そうしたグレートコンジャンクションが、2世紀以上の時を経て、ついに異なる性質を持つ星座たちの宮（風の星座：双子座・天秤座・水瓶座）で会合したことは、今の時代を生きている人類全員にとっても初体験の出来事であり、今後、多かれ少なかれ誰もが皆、その影響を受けながら暮らすことになるのでしょう。

もっとも、新型コロナの影響で、昨年から世界の様相は一変してしまいました。やがて落ち着いてくることでしょうが、緊急事態宣言や外出自粛、テレワーク、新しい行動様式の推進など、思いもしなかった現実が、次々と「当たりまえ」になっていくのを、私たちは目の当たりにしています。

目の前に起こっている現象だけをとらえてしまうと、「ああ、大変」とか「どうしよう」といった不安や心配が沸き上がってくるものですが、大変という字は、大きく変わるとも読めるように、古いシステムに終焉《しゅうえん》を告げ、いよいよ新ステージの新しい在り方、生き方がひらかれてきたともいえます。

そう考えると、劇的ともいえる今回の変化は、星のめぐり、そして宇宙からみても約束されたトランスフォーム（変容）の時期であり、この時代、肉体をもってこの星の住人となっている私たち一人ひとりにとっても、ものすごく貴重で、意義深い体験をしているであろうことには間違いありません。

では、この変容の時代を、いかにして波乗りしていけばよいのでしょう？

安心と安寧《あんねい》の中で、上手に舵を取りながら進んでいくにはどうしたらよいのでしょう？

本書は、これからの風の時代を、心穏やかに喜びの中で生きるためのヒントを、三章に分けて、日々のエッセイとして上梓したものです。

目に見えるものが大事だった「地」の時代から、目に見えないものが主流となる「風」の時代へ。

「どうあるか」を考える世界から、「どう観るか」で生きる世界を、軽やかに楽しむ。

この本に書かれていることの何かが、あなたの暮らしと人生に彩りと豊かさをもたらすお手伝いが出来たら、著者として大変光栄に思います。

それではさっそく始めて参りましょう。

令和三年三月

はせくらみゆき

目次

「Rainbow Sea」油彩 ©Miyuki H

第一章 凪の時代へ

風の時代の始まりに

風の時代が始まっています。

風の時代とは、「はじめに」の中でお伝えしましたように、西洋占星術の言葉で、木星と土星という社会的な動きに強い影響力を持つ惑星がもっとも近づく日―グレートコンジャンクションの起こる場所が、どの宮（星座）で起こるかによってその星座が持っている特質がより多く表れる期間が続く、というものです。

令和2（2020）年12月22日に起こったグレートコンジャンクションは、風の時代を象徴する三つの星座（双子座・天秤座・水瓶座）のうち、水瓶座の宮で起こりました。

今まで所属していた「地の時代」での星座から、実に240年ぶりの移動となりました。

前回、地の時代が始まったときには、ちょうど現代へといたる、資本主義の原動力となった、産業革命が始まっています。

ちなみに、星座群は、その特徴を記すものとして、各星座が三つずつ、四大元素である、火・地・風・水に分類されています。

それぞれのエレメントに特性があり、

火：精神・熱意・活動・行動（牡羊座・獅子座・射手座）

地：物質・安定・基盤・現実的（牡牛座・乙女座・山羊座）

風：知性・情報・論理・コミュニケーション（双子座・天秤座・水瓶座）

水：感性・情緒・受動・共感（蟹座・さそり座・魚座）

というものです。

それぞれの期間が240年続くということなのですが、その間は、それぞれのエレメントが持つ質を保ちながら、文明の形質がかたちづくられていきます。

今回は、地から風へと、資質が見事に異なる流れがついに始まった、ということを意味しています。

風の時代は何が変わる？

具体的に、どんな変化が訪れていくことになるのでしょうか？

もちろん、今後、私たちが生きていく中で、実際に体験・体感を通して実証していくことになるのでしょうが、すでに兆候はどんどん現れているので、わかりやすい特徴を図示化してみました。

これらの要素を、じっくりと、心で感じながら見てみるだけで、私たちが向かいゆく時代の性質に、気持ちが鼓舞するのではないでしょうか？

「地の時代から風の時代へ」―どう変化していくのか―

地の時代の特徴	➡	風の時代の特徴
物質（目に見えるもの）	➡	精神（目に見えないもの）
お金が大事	➡	体験・情報・人脈が大事
モノを持つことがカッコいい	➡	モノは必要なだけあればいい
固定・一極集中	➡	移動・流動・分散
収奪（奪い取る）	➡	育成（育てていく）
蓄積型	➡	循環型
所有	➡	共有（シェア）
競争・優劣	➡	共創・尊厳・棲み分け
組織・会社	➡	個人・フリーランス
経済優先	➡	イノチ優先
依存	➡	自立と連携
縦社会（ピラミッド型）	➡	横社会（ティール組織）
効率性重視	➡	持続可能性重視
短期的利益優先	➡	長期的発展優先
均一・画一	➡	多様性・個性的
火の文明	➡	緑の文明
敵と味方	➡	進化と統合
外形的な幸せ	➡	内面的な幸せ
物質文明	➡	精神物質文明

風の時代に栄える技術や資質とは？

さらに今後、どのような技術や資質が発展していくかについて、ランダムに列挙してみます。よければ、心の中でイメージをしながら読んでみてくださいね。そうすると、きっと立体的になって世界がみえてくると思います。

「デジタル・ＩＴ・情報・インターネット・ネットワーク・ＡＩ・ＩｏＴ・ＶＲ・ＡＲ・オンライン・ＳＮＳ・テクノロジー・ネットビジネス・再生医療・量子コンピューター・通信・流通・通貨などの新しいシステム・社会体制の変化・独立・自立・独創性・論理性・知性・ユーモア・インスピレーション・直観力・スピリチュアリティ・宇宙・科学・哲学・意識・仲間・友人・フリーランス・コラボレーション・ローカルとグローバル・自由・尊厳・利他・エコロジー・ボランタリー精神・シンパシー・シンクロニシティ・シェアリング・パラダイムシフト…ｅｔｃ．」

こうしてみると、科学技術の発展をベースに、時代が音を立てて急速に変化していることを感じずにはいられません。なにより、豊かさの価値がモノからココロ、情報へと変わり、目には見えない非物質的なものが主流となっているのがわかります。まだ、変化は始まったばかりともいえるのですが、コロナやアメリカ大統領選を経て、世界は劇的な変化が起こってきているので、この流れはそうそう止まらないばかりか、ますます加速していくことでしょう。

気を引き締めながらも、しっかりと進み、まるごと、変化を楽しんでいきたいと思います。

次頁からは、そんな変化の真っ只中にあって、具体的にどのような気持ちで臨み、何をしたらよいのか、あるいは、何にフォーカスすることが、風の時代を豊かに生きることになるのかを、エッセイで綴《つづ》っています。

好きなお茶でも飲みながら、気軽に読み進めてくださいね。

フランチェスコのタウ

アッシジのフランチェスコ

「風の時代」と聞くと、私の中で、自然に浮かんでしまう人がおります。
それは、中世の聖人、アッシジのフランチェスコです。

フランチェスコは、イタリアの街アッシジに住んだ司祭で、托鉢《たくはつ》修道院を開いた人物です。

彼が実践したのは、すべての人や動物、鳥、自然などのあらゆる一切を、自分の兄弟とみなし、自然の産物とも対話しながら「愛」を説いていったこと、そして自分と異なるもののすべてを愛するという教えで、徹底的な無所有、清貧《せいひん》を貫いた聖人として知られています。

まだ、そうした概念が希薄だった中世ヨーロッパにおいて、まるで彗星のきらめきのごとく現れた人物でもあります。

私自身はキリスト教徒というわけではないのですが、20代のころ、たまたまフランチェスコの本に出会い、その生き方に衝撃を受け、以来ずっと心の奥でお慕い申し上げていた方なのです。

その思想は、西洋的というよりも、かなり東洋的（日本的）で、自然と対峙《たいじ》するのではなく、自然の一部として溶け合い、山川草木《さんせんそうもく》や動植物など、万物一切に神聖を見出し、素朴に、素直に神の御心の中を生きるというものです。

フランチェスコのもとへ

そんなフランチェスコが生まれ育ったアッシジの街に、初めて訪れることになったのが令和元（2019）年の秋。イタリアに居住した翌月のことです。

私は数十年来の想いを胸に秘めながら、彼がキリストの声を聴いたという教会や、祈りの場所、生家などを巡っていたんですね。そして最後に、フランチェスコの墓所がある教会に行き、墓所の前でお祈りをしました。

手の中にはタウ型ペンダント（フランチェスコが用いたという十字架の形）が握りしめられています。

ちなみにタウとは、ちょうどTのかたちをしていて、上に突き出ている縦の棒がありません。一番古い十字架の形と呼ばれていて、フランチェスコが好んで使っていたそうです。

意味は、Tの横棒が天（神）、縦棒が大地（人間）を表し、両者が一つとなって、真実・言葉・光・善を希求するという象徴なのだとか。

なお、このペンダントには、首にかける紐の部分に、三つの結び目がついているのです。

最初は「あれ？　どうしたんだろう。絡まっちゃったのかな？」と思ったのですが、そうではなく、「清貧・貞潔《ていけつ》・従順」を示しているとのこと。

この結び目は、修道士さんが一つひとつ祈りながら結《ゆ》わえているそうです（教会の方から教えてもらいました）。

フランチェスコから教わった風の時代の生き方とは？

キャンドルに照らされた、地下にある墓所は、独特の空気が漂っています。

そこにある椅子にたたずんで祈り、しばらく経った時、突然、心の中に声なき声が響き渡りました。


「タウの結び目の意味は、清貧・貞潔・従順と呼ばれておりますが、それはわたくしの意識がフランチェスコと呼ばれ、その時代を生きていた時に、もっとも必要で、大切な教えでございました。

時を経た今、その形質を保ちながらも、わたくしはあなたに、この言葉を送りたいと思います。

それは、『のびやかに・かろやかに・あなたのままに』という言葉であります」

一瞬のうちに降りてきたこれらの言葉（正確には、インスピレーション）に、とまどいながらも、なぜ、そうした言葉に変換されていくのかを、問いかけてみることにしました。

すると、即座に返ってきた答えは、

①のびやかに ▼▼▼▼▼▼▼ 心に何も荷物（心配や不安、欺瞞《ぎまん》）を持たないからこそ、のびやかでいられる。

②かろやかに ▼▼▼▼▼▼▼▼▼ 清らかであろうとする心があるからこそ、軽やかに飛び立つことが出来る。

③あなたのままに ▼▼▼▼▼ 素直であろうとする心は、天に対して素と直で繋がり合う心であり、そのあらわれが、あなたのまま、あなたらしさを生きることである。

でした。こうして清貧は「のびやか」に、貞潔は「かろやか」に、従順は「あなたのままに」と言葉を変えて、今の時代へと飛翔したように感じたのです。

この三つの要素が相まったとき、天地人が融合、合一し、人の栄えがそのまま天の御心、栄えとなり、天の想いも成就《じょうじゅ》するのかなと思いました。


のびやかに、かろやかに、あなたのままに。


この言葉を唱えるたびに、「風の時代」に流れているであろう、見えない風の気配を感じるのです。

自分が自分らしく輝くこと。個性を思う存分発揮して、やりたいことをやっていく世界。それを周りも応援し、共に喜び合う世界。

そんな世界は、伸びやかさ（自由）と軽やかさ（バイブレーションの軽さ、高さ）のある、高次の精神がともなった精神物質文明であることでしょう。

まさしく、風の時代のキーワードと一致するなぁと思うのが、このフランチェスコのお墓の前で響いた、三つの言葉だったのです。

空飛ぶじゅうたん——二極化から多極化へ

無数にある時間の巻物

ある日の朝、目が覚めたばかりの私は、カーテンを少し開けて空を見上げました。するとまだ薄暗かったので、ちょっと早く目覚めすぎたかな？　もう少し、布団の中でぬくぬくしようかな？　と思い、再び目を瞑《つむ》りました。

するとほどなくして、私は今見た空の風景が、自分の周りを囲っているのを感じました。

あれ？　と思い下をみると、なんと空飛ぶじゅうたんの上に乗っています。

まったく、いくつになっても夢見がちな子どもみたいだなと、自分で自分にツッコミをいれつつ、じゅうたんから見える下界に目をやると、そこに広がっていたのは街の風景ではなく、山のような巻物が、それぞれ開かれながら、ランダムに折り重なっている風景でした。

巻物には、時系列に沿った年代と出来事が書かれています。

わぁ、面白い！　と思って意識してみてみると、たとえ同じ年代であっても、起こる出来事がちょっとずつ違っていて、そのたびにまた巻物がどんどん分かれていって増えていることがわかります。

まるでそれは時空のハイウェイのような感じで、意識をすることで、その巻物が光り、ブワン！　と吸いこまれてはその中に入って流れていく感じです。

そんな数知れない巻物の様子を眺めていたとき、どの巻物の中にも共通して光っている箇所があるのをみつけました。

意識をあててみると、それは年代の部分で、１９８７〜２０５０年のあたりです。

その中でも、とりわけ光っている箇所が、２０２０〜２０２５年の部分です。

そこには、Tipping Pointと記されており、特にこの時代の意識のあり方―集合意識や社会意識、そして個人の意識のありようによって、世界がさらに分岐していくのを眺めていました。

それは、大きく分けて二極の方向へと伸びています。

一つは、愛の振動数をベースとした、高振動低密度の時空へ、もう一つは、恐怖の振動数をベースとした低振動高密度の時空です。

そしてそれがさらに多肢《たし》にわたって拡がっていて、それぞれの時空が点滅する花火のように、見えては消えを繰り返しながら、全方向に伸びているのでした。

同時に、それぞれの巻物には、いろいろな出来事が書き込まれています。嬉しいことや怖いこと、驚くことなど、実にバラエティに富んでることがわかります。

私は、それらの様子を空の上から眺めながら、「うーん、降り立つにはどこがいいかなぁ」と考え始めています。

そして、無数ともいえる巻物の中から、もっともワクワクしそうなストーリーが描かれている、感動的な巻物を選んで、「よし、あそこに降りよう」と声を上げました。

するとじゅうたんが、またたくまにくるくると巻き出し、一緒に私も巻かれながら、ロケットのごとく、選んだ巻物のTipping Pointに向かって進んでいきました。

ドスン！

ベッドから片足を外した衝撃で目を覚ました私は、二度寝して夢をみていたことに気がつきました。とはいえ、まだ心臓が高鳴っています。

私はすぐさま起き上がって、夢の中の言葉「Tipping Point」の意味を調べるためにパソコンに向かいました。

Tipping Point ＝転換点。

えっ！　そういうことだったのか。再びドキリとしながら、今度は目を覚ました意識をもって、夢を想い出してみます。

すると、たくさんの巻物とは、ズバリ、パラレルワールドのことであり、世界は決して一つではなく、無限ともいえる数ほど、分岐して存在しているという考え方です。どの世界を選んで、現実とするかは、その人が放つ意識の周波数によって決まります。

実際のところは、一度決めたからずっと同じパラレルワールドを生きている、というわけではなく、瞬間瞬間、異なるパラレルワールドに属していて、脳がそれを、一貫性のある一つの現実として、時系列順に組み立てているのです。

世界を選ぶのは自分自身

また、転換点であるTipping Pointとは、今がまさにその時空の真っ只中にあり、意識のあり方がガラリと変わり、パラダイムシフトを起こすことで、個人や社会、世界、地球自体が変容していくということでもあります。

私は、なるほどなぁと思いつつ、内なる叡智《えいち》（内奥の自分・本体本質の自分）の方に、心を向けてみました。するとすぐさま、想いのかたまりが届きました。

これからいたる世界は、二極化、そして多極化です。
あなたが思う世界が、あなたが観る世界になります。
あなたが観る世界は、あなたが放つ振動数の世界です。
御霊《みたま》磨いてみたままに、世界が明るく照らされますように…

思う世界が、成る世界に。精神は物質に。

こうして、意識のあり方が直、現実に反映され、どの現実を選ぶかは、私たち自身が決めている、ということでもあります。

加えて、今回のシフトは、みんな一緒に手をつないでいきましょう、ということではなく、たとえ近しい人であったとしても、個人にゆだねられているというわけです。

心を磨き、身体も整え、暮らしも整えていく。

そうして、一つひとつ、出来る身近なことから始め、心の世界と表われの世界を、一致させていくことが大切であると思います。

「**みたまみがいて、みたままに**」、これが嘘《うそ》偽《いつわ》りなく表される生き方を通して、自身が望むパラレルワールドへと、移行していければと思っています。

内なる声

表面の私と本当の私

初めて自我を認識したのは、確か4～5歳のころでした。朝起きて目が覚めたとたんに、「あれ？　この人誰だろう」と思ったのです。

そして天井を見上げて、そこにシミがあるのをみつけては、「あ、この人はこの模様をみている」と思いました。

また、手を上げたいと思ったら、即座に手が上がり、それを目がとらえていること、起きようと思っただけで、身体が起き上がるのを、不思議な感覚でもう一人の私が見つめているのを感じていました。

両親は散髪屋を営んでいたので、起床した私はすぐさま、床屋にある大きな鏡の前に行きました。そこに映っている自分の顔を見て、「あぁ、私はこの人の中にはいっているんだなぁ」と思いました。

とても不思議な感覚ではあったのですが、とても印象的な出来事でもあったので、今でもよく覚えています。


以来、私は、心の奥にいる私が本当の自分で、表面として見えていて、駄々《だだ》をこねたり、いろんな気持ちが沸き上がったり、ご飯を食べたりする身体と感情がある自分のことを、ロボットのような感覚でとらえていました。

なぜ、ロボットだと思ったのかといえば、当時はやっていたテレビアニメ「鉄腕アトム」が出来上がるシーンを見た時に、「あ、これだ!」と思ったからです。

もちろん、機械であるロボットのように固くはないし、アトムのように10万馬力も出せるわけではありませんが、「本当の私」を収納する箱のようなかたちで、私という人は出来ているのだな、と感じていました。

普段は、「表面の私」が優位に過ごしているのですが、一人になると、「本当の私」がおしゃべりをし始めます。

しかも、「本当の私」と繋がっているときは、鳥や花、空や動物とも、心の中で会話をすることが出来ます。コロボックルや妖精といった不可視の存在たちも、心の眼でとらえることが出来ました。

なので、ちっとも寂しくなんかありません。

私は一人でいることを好みましたが、毎日が新しい発見と不思議に満ちていたのです。たとえば、小鳥たちは天気の話ばかりしているし、カラスは餌《えさ》のありかの情報交換をしているなぁ、といった具合です。

時には、雲が天気予報を教えてくれたり、犬が近道を教えてくれることもありました。今思えば、おとぎの国のような世界を生きていたのだと思います。

本来の自己を隠して

しかしながら、その感覚は、どうやら人と違うらしいということがわかり、かつ、本当の自分のことは、人に言ってはいけないようだと〝学習〟したのは、小学校入学直前のときでした。

お友だちや両親も、皆、本当の自分とおしゃべりしないで生きているんだ、ということを知ったときは、正直、ショックでした。

自分も同じように声なき声を聴かないで過ごしてみようと思ったのですが、本当の自分との繋がりを絶った途端、薄暗くてガチャガチャした、だだっぴろい場所に突然放り込まれました。その感覚はまるで、迷子そのもの。どこに行ったらいいかわからずに途方に暮れてしまったのです。

今までは、「本当の自分」が語ってくれることが、私にとっての道しるべだったので、それはとても怖いことでもありました。

なので、以降、誰にも言うこともなく、心の奥にいる自己との繋がりを続けていたのでした。

とはいっても、普段は、表面の自己を優先して生きていたため、ごく普通の青春時代を過ごし、大人へとなっていきました。

転機が訪れたのは、30歳になってからのことです。

結婚して子どもが生まれ、子育てに追われているころ、いわゆる「神秘体験」というものを経験しました。

当時はスピリチュアルのことに全く関心がなかったばかりか、むしろ怪《あや》しげなものとして避けていた分野でもあったため、かなり抵抗しました。

しかしながら、起こる出来事そのものは、まぎれもない現実であったため、逃げることはできませんでした。

途方に暮れて「本当の自分」の方に問いかけると、これは生まれる前に自分自身でセットしていたものなので、それが作動しただけだと言います。

そのことがきっかけとなって私は、子どもの時のように「本当の自分」との繋がりを強化することにしました。そして、そこから見渡す世界をもって生きていこうと決心したのです。

霊主体従で生きる

実際は、ある意識体を通して「宇宙授業」というものを2年間、ほぼ毎日2時間ずつ受けました。

その内容は物理から哲学、地球史や宇宙史など、実に多岐にわたるものだったのですが、とりわけ時間が割《さ》かれたのが「周波数」や「意識」についてのテーマです。

そこを丁寧《ていねい》に掘り下げることによって、私たち一人ひとりが高次の意識である「本当の自分」と繋がって生きることの重要性を示されました。

しかもそれは可及的《かきゅうてき》速やかに、それぞれが果たしてほしいとのこと。

なぜなら、そう遠くない将来、地球が活動する領域の周波数帯が変わり、アースアセンディングという現象が起こるため、それにともない、地表で暮らす私たち人間の周波数帯も変容させないといけないからなのだそうです。

そのためには、表面の自己である「自我」のみで生きるのではなく、本体の自己である「真我」と繋がりながら、「自我」の特性を生かし、生きていく必要があるのだといいます。

つまり体が主で霊《いのち》が従である体主霊従ではなく、霊《いのち》が主で、体を従とする霊主体従にして生きよ、ということです。

私はこの「霊」（レイ・ヒ・イノチ）という自己の本体のことを、よく、内なる叡智と呼んで親しんでいます。

時には、状況や性質に応じて、同じ実体を、神性、仏性、真我、いのち、魂、真心（真ん中の心）、本当の自分、超意識、ゼロポイントフィールド、宇宙の先見情報、サムシンググレート…などといった用語に言い換えて使うこともあります。

本書では、これらの名前が随所に出てきますが、その本質は同じであるととらえてください。

このように肉体としての自我の意識を超えた、高次元にまたがる自己の領域を自覚、知覚することは、今後ますます大切になってくると思います。

とはいえ、何か修行しなくちゃいけないというわけでは、決してないのです。

日常の暮らしを、丁寧に生きるということ。
丁寧に生きるとは、意識的に生きる、ということであり、
意識的に生きるとは、今を意識して生きる、ということです。

その中心にあるのは、内なる声です。その内なる声を感得しながら、想い、語り、行動してみるのです。

これを繰り返すことで、確実に日常の質が上がり、心も身体も充足のなかで、暮らすことが出来るでしょう。

マインドではない内なる声に耳を澄ませる

なお、内なる声とは、決して感情やつぶやき、といったマインドが語っている声ではありません。マインドのもっと奥にある、感情や出来事を淡々と見つめている、もう一人の自己の部分、それが内なる声です。

最初は慣れなくても、「内なる声と共に生きる」と決めて暮らしていくうちに、どんどん精妙な自己―周波数の高い自己の領域と同調するようになり、やがてはその自分でいる感覚のほうが心地よくなります。

しかも、そのほうがずっと上手くいきやすく、〝軽々と、楽々と〟現実を創造出来ることを肌感覚で体感していくことになるでしょう。

私は、たまたま小さなころから、この「内なる声」を感じながら生きてきたため、その意味では、少しだけ先輩としてのお役をおおせつかったのかもしれません。
けれども、はっきりわかるのは、それは特別とかという意味ではありません。
誰もが持っている本来の力を、ちょっとだけ先祖返りして⁉、覚えていただけです。
やがて皆が、携帯をいじるのと同じ感覚で、「内なる声」のインナーアプリにアクセスして、必要な情報を必要なだけ、適切に取り出すことが出来るのを、私は知っています。

だから、大丈夫。

安心して、あせることなく、内なる声の声なき感覚に耳を澄《す》ませるようにしてくださいね。

これからますます、表面の自己（自我）のみで生きるのではなく、本質の自己―真我が自らの本体であることを観《かん》じながら生きるという心持ちが大事になってくると思います。

同時に、その自我（顕在意識《けんざい》）や潜在意識《せんざい》、超意識《いのち》の入れものである、我が体を、聖なる神殿として大切に扱い、かわいがってあげることを本気になってしてあげましょう。

地球の次元上昇のことを、アースアセンディングと呼びますが、風の時代は、この惑星自体のアセンディングが上昇気流にのるがごとく、本格化する時代でもあります。

高く高く、舞い上がるほどに、深く深く、沈み込む。
真我としてのあなたのいのちは、神我、芯我でもあります。
コアを抱き、いつくしみながら進んでいきましょうね。

葉っぱの教え

病弱な子どもがきっかけで自然療法へ

まだ子どもが小さかったころの話です。

私には三人の息子がいるのですが、長男は二キロに満たない未熟児として生まれました。理由は、私が妊娠中毒症になってしまったことで、十分な栄養が胎児に行き届かなかったからでした。

なぜそのような病気になってしまったのかは未だにわからないのですが、生まれた直後にベビーは専門病院へと救急車で運ばれ、一か月の入院生活を余儀なくされました。

退院後も何かと病気がちで、常にどこかの科にかかっている状態でしたので、初めての育児は、心配だらけの毎日でもありました。

とりわけ心苦しく思っていたのは、息子が病弱なのは私のせいだったんじゃないだろうか、妊娠中の自分の取り組みが悪かったから病気になり、その結果、息子を弱くさせてしまったのだ、と考えてしまっていたことでした。ですので、息子に何か異常が見つかるたびに、「わたしのせいで、ごめんなさい」と苦々《にがにが》しい思いを抱きながら、心の中で謝り続けていました。

そんな中、さまざまな健康法を試し、自然療法やマクロビオティックの考え方に出会いました。私たちは自然の一部だと腑に落ちたので、それらの療法を愚直に実践したところ、驚くことに、息子のみならず家族皆が、丈夫なからだになっていったのです。

それにともない、罪悪感は少しずつ減っていって、次第に、感謝の想いが湧き上がるようになってきました。

自然流の子育て

そんなころ、私は二人目を妊娠し、次男を出産しました。

生まれる直前、瞼《まぶた》の裏には、思いがけない光景が浮かんでいます。

それは宇宙空間に浮かぶ真っ青な地球！　まるでそれは生きているかの如く呼吸している有機体そのものでした。

私は、その光景を、驚きをもって一心に見つめています。

すると、ほどなくして、右斜め上から一条の光が差し込んできました。光は勢いを増しながら、地球めがけて真っすぐに飛んできています。

「あ、ぶつかった！」

そう思うやいなや、地球がブルッと振動したかと思うと、地球全体が柔和な光に包まれたのです。その瞬間私は、得《え》も言われぬ幸福感に包まれ、自分も光の一部になったような感覚を覚えました。

ふと気がつくと、遠くから声が聞こえます。

あれっ、なんだろう？　と思いその方向を意識すると、声は次第に大きくなっていきます。

「おぎゃぁ、おぎゃぁ」

赤ちゃんが生まれていたのです。３３２０グラムの元気な男の子でした。

こうして私は二人の子のお母さんとなり、たどたどしい歩みながらも、少しずつお母さんらしくなっていったのです。

二人目の子育ては、少し余裕が出来たのか、子どもも暮らしも、愛おしいと思いながら過ごすことが出来るようになってきました。

布おむつを使い、食事やおやつはすべて手作り、なるべく自然の中で裸足《はだし》になって過ごすなどの自然流子育てを実践していたのですが（その時の実践は『試して選んだ自然流子育てガイド』（ほんの木）に記しています。１９９９年刊です…懐かしい）、そのような暮らしをしているうちに、だんだんと、子どもたちが暮らす未来や今とこれからの世界、地球のことを本気で考えるようになってきました。

そんな中、次の転機が訪れます。

転機といっても実際は、私の心の中だけで起こったことで、暮らし自体は何の変化もあったわけではありません。

目の前に落ちてきた葉っぱ

それは、ある秋の日のことでした。

いつものように次男をおんぶしながら、長男と手をつなぎ、長男が通う幼稚園へと送り届けました。

その帰り道、1歳半を過ぎた次男は歩きたくて仕方ない様子だったので、道の途中でおんぶ紐を外し、歩いて次男と一緒に帰ることにしたのです。

通常なら歩いて5分もかからない道が、よちよち歩きのベビーと歩くと1時間以上もかかります。なぜなら、石ころひとつ、蟻《あり》ん子一匹、目にとまるものすべてを触ったり、指さしたりしながら、ゆっくり歩くからです。

やれやれと思いながら、やっと家の近くまでたどり着くと、私はもう勘弁してよと思いながら、次男を抱き上げ、並木道の奥にある我が家へと歩き始めました。

すると一枚の葉っぱが、ハラリと目の前に落ちてきたのです。

私は何気なく、その葉っぱを拾い上げ、手に取って腕の中にいる息子に見せました。

「ほら、落ち葉さんだよ。赤や黄色、黄緑、いろんな色があるねー。きれいだねー」

そういうと息子は、キャッキャと笑い喜びました。

足元は、すでに山積みとなっている落ち葉で、地面の色がまったく見えません。

その途端、ハッ！　と思い、電流が走ったような衝撃を受けました。


この葉っぱは、たった今、私の目の前に現れ、落ちてきたもの。

それを拾い上げ、息子に見せている。

少し前に同じ場所を歩いていても、あるいは30秒遅れていたとしても、私はまず、この葉っぱに出会うことはなかっただろうと。この落ち葉を拾い上げたのだ。

遅くもなく早くもなく、この瞬間、この時に、一刻の狂いもなく現れ、出会うことが出来ている。

ということは、この葉っぱと同じように、今、出会っている人やもの、風景、出来事も含めて、すべては今まさに出会っている最高最善ベストなものだったんだ！　という想いが走り、身体に電流が走ったような衝撃を受けたのでした。

ベストなこと、必要なことしか起こらない

そうか、そうだったのか。

表面の自分としては、なんでこんなことが？　と思う不可解で納得できないことが起こったとしても、奥深いところの自分、いのちの自分としては、何の影響も受けることなく、ゆったりとしたままである。

なぜなら、その出来事が、今の自分にとって、もっとも必要で、もっとも素晴らしいことであることを識《し》っているので、何一つゆらぐことはない。

しかも、その出来事を起こすために、他のいのち（他者や動植鉱物も含めたさまざまなご縁）と協力しながら、私がさらに人間的にも霊的にも成長進化出来るよう、心

を込めて起こしてくれていることだったんだ！　と、〝わかって〟しまったのです。

その途端、私の眼からは、今まで味わったことがないような、たくさんの涙の粒がこぼれたのでした。


いのちはすべて繋がっている。

いのちはすべて協力し合あいながら、それぞれの進化に寄与している。

だから、必要なことしか起こっていないし、これからも必要なことしか起こらない。

しかもそれはすべて、ベストタイミングで起こっていたんだ！


こう考えると、今までにあった辛いこと、悲しいこと、嫌なこと、納得できなかったことが、どうでもいいような気持ちになってきました。

いいえ、むしろ、痛くていやだったけれど、まぎれもなくこれは贈りものだったのかもしれない、という気持ちさえ湧き上がってきます。

その時でした。

まだ残っていた、どうしても消えない後悔―長男を弱く生んでしまったことへの申し訳なさという想いが、光の粒となって雲散霧消《うんさんむしょう》するのを、全身の細胞で感得した感がありました。

ハッと気づくと、腕に抱かれている次男が、じーっと見つめて、心配そうに私を見ています。


「あ、ごめんね」といって目を合わせた途端、またしても大量の涙があふれて止まらなくなったので、私は急ぎ足で、家の中に入ったのでした。

今でも、その時に踏んだ落ち葉の質感、色、見上げた空の美しさ、そして赤子をだいたぬくもりを、はっきりと思い出すことが出来ます。

もしかしたら、一生覚えているかもしれません。それほどに強烈な体験でもあったのです。

「葉っぱの教え」は、今も、時折思い出す、歩みの原点である気がいたします。

いのちを喜ばせる

入院で叶った夢

30代の初めに体験した「葉っぱの教え」から10年後、ちょうど40歳の時のエピソードです。

私は脳卒中を起こして半身不随《ふずい》になる、という経験をしました。

なぜ、お酒もタバコも飲まない、リスクとしては低かった私が、その年、脳卒中になってしまったのかというと、引っ越し（我が家は転勤族でした）と、仕事の締め切り、家事育児（夫は長期出張で不在でした）が重なり、無理がたたって、倒れてしまったのです。

目が覚めると市立病院のベッドに寝かされていました。

え？　いったい何が起こっちゃったんだろうと思い、起き上がろうとしたのですが、全く身体が動きません。

どんなに心で「起きて」と身体に指令を出しても、まるで反応しないことにびっくりしました。

起き上がろうと強く意識すると、右手と右足だけが重々しく、上にあがります。

やっと自分の身に起こった変化を自覚した私は、お産の時以来の入院だなぁと思いながら、どうしていいかわからずに茫然としてしまいました。

けれども、すぐあとに、

「あ、叶えたい夢は叶っている！」

とも思ってしまったのです。

夢というのは、思いきり寝るということ。一か月程、忙しさ故、睡眠時間が3時間ぐらいだった私にとって、この夢はちゃんと達成されたのだ、と感じました。

といっても想像だにしなかった、不本意なかたちではありましたが…。

直近のことについては、引っ越し当日に長期出張から戻ってきた夫にゆだねたため、とりあえずは引っ越しも大丈夫そうです。

三人の子どもたちは、北海道にある実家の方に預けたということなので、とりあえずは一安心。

あとは私の問題だけ。さて、どうしましょう？

幸い、時間だけはたっぷりとあるので、私はベッドの上の天井を見つめながら、

なぜこのような事態にいたってしまったのか？

この出来事は、私の人生にとってどんな意味をもたらすのか？

ここから何を学んで成長せよというのか？

について、じっくりと考えることにしました。

倒れて考えたこと

まず浮かんだことは、倒れるまで自分の身体を顧《かえり》みなかった、という反省です。

三次元的には、寝不足と過労が、直接的な原因であったことは容易に想像がつきました。

ではその時間の使い方を選択した私の心の奥には、どんな考え方があったのだろうと見つめてみた時、べったりと染みついていた心の癖《くせ》が、この事象を引き起こしたのだということに気がつきました。

それは「頑張る」という心と行動の癖です。

実際、私がよく使う言葉も「頑張らなくっちゃ」でした。

同時に、「今日できることは明日にのばすな」という口癖もありました。

そうすることが美徳であると思い込んでいたのです。

なので、たとえ眠かろうが、身体が悲鳴を上げようが、自ら決めたことはその日のうちに、終わらさなければ今日という日は失敗なんだと、勝手に判断していたのです。

その考え方が発動された時は、内なる声など全く入ってきません。
あれほど、内なる声と共に生きると決めていたはずなのに、日々の忙しさにまぎれて、内なる声も、身体の声も、いつの間にかスルーして生きてしまっていたのでした。

その次に考えたこと。それは、これから私という人は、半身不随という状態を持ちながら、今後の人生を過ごすよう、受肉する前にプログラムして、この世界にやってきたのだろうか？　ということです。
もし、そうであるならば受け入れようと思いました。とはいえ、実際面を思うと、家事育児、子どもの習い事の送り迎えやＰＴＡ活動、町内会行事などのことが思い出され、夫のサポートがほぼなかった我が家としては、これはなかなか困難なことだぞ、と思いました。

また、今回、動かない部分が左半身であったため、左利きの私としては、本業である絵を描くことのハードルが急に上がったことや、パソコンを打つ時のスピードが片手だけだとものすごく時間がかかるだろうなぁなどと思い、ハァ〜ッと深いため息をつきました。

三番目に考えたこと…というか感じたこと。それは、親や家族に対する申し訳なさでした。

お母さんである私が不自由な体になってしまうことで、夫や子どもたちに迷惑をかけてしまうことが嫌だったこと。同時に、離れて暮らす両親に心配をかけてしまっていることを思うと、心苦しい思いで胸が張り裂けそうな気持ちになりました。

自分の細胞への感謝

そうして悶々《もんもん》と思いをめぐらせた、3日間が経った日の夜のこと。

消灯時間が近づいて、ベッド脇にあるコードのスイッチに、動ける右手を伸ばすと、その奥に見えるカーテンの端に、1匹の虫がいるのを見つけました。

よくみると、足が1～2本、折れているようで、動き方がぎこちないのです。時々、カーテン布からずり落ちそうになってはまた進む、という動作を繰り返していました。その様子をボーッと見つめていた私は、なぜか不思議と気持ちが落ち着いてきて「なんだそうか。何がどうであれ、私は先に進んでいけばいいんだ」

と、とっさに思ったのです。

私はゆっくりと目を閉じながら、今までいかに「頑張らなくっちゃ」と言いながら、我欲にまみれた人生を歩んできたのか、内なる声と言いながら、実際は、表面の自己を満たすよう我《が》を張って、傲慢《ごうまん》に生きてきたかを反省しました。

「そうなんだよなぁ。私は傲慢だったたんだよなぁ」

と心でつぶやきながら、動かない左半身を、動く右手で優しくさすりました。

すると、身体に対して、本当に申し訳ない気持ちでいっぱいになり、もう遅いかもしれないけれど、心の底から真剣に謝ろうと思ったのでした。

それで、頭のてっぺんから足の先まで、臓器も含めて細胞一つひとつに声をかけながら、謝っていきました。

「脳さん、ごめんなさい」

「神経さん、ごめんなさい」

「眼さん、ごめんなさい」…、
心を込めて言っているうちに、だんだん細胞さんたちのおしゃべりが聴こえてきました。


〝大丈夫だよ。それでもぼくたちは、みゆきちゃんのことが大好きなんだ〟


私はドキッとして、思わず眼を見開きました。

細胞たちの声はどんどん大きくなって、私のハートに沁《し》み込んでいきます。

するとまたしても、私の眼からは大粒の涙がこぼれてきました。

本当に、こんなに無視していたのに、よくも私という身体の中に宿り続けてくれていたんだなぁ。素粒子さん、原子さん、細胞さん、ありがとう。もう、有難くてしようがないよ、と思いました。

すると、身体の中がボワーンと温かくなりました。

今度は、同じように、頭頂からつま先まで、一つひとつ丁寧《ていねい》に、「ありがとう」を繰り返しました。


「脳さん、ありがとう」、「神経さん、ありがとう」「眼さん、ありがとう」…、唱えているうちに、とても静かな気持ちになりました。

そのうちに、人ってちゃんと死ねるんだよなぁ…と心でつぶやきました。

生かされているいのちを愉しむ

人は死ぬ、必ず死ぬ。ということは、死ぬ瞬間までは生き続けている、ということだ。これはつまり、お迎えが来て身体から抜けるその時まで、私はこのボディを通して、成長し続けることが出来る、ということなんだ。

私は生きている、ではなく、生かされている。これは絶対の真理だ。

であればこそ、この肉体として存在している間は、「いのち」の喜びに従って、生きることとしよう。もう「頑張る」などと言わず、「愉《たの》しむ」で活かしてあげなくては、私が私に申し訳ないな、と思いました。

生かされているいのち、であるからこそ、我と他者を生かすいのちとして、生きることを選択しよう、と思ったのです。

すると、過去も、今も、これからも、私の人生は、100点満点だな…そんな気持ちが自然と湧き上がってきました。

もし、今の状況（半身不随）がなくなるのだとしたら、もう、そのあとの人生は「お祭り」になっちゃうなぁ、と想い、心の中で聴こえる祭囃子《まつりばやし》を感じながら、思わず笑みがこぼれました。

そのまま意識を内側に向けると、身体の中が脈動する宇宙のように感じられます。

（あれ？　どこかでみたことあるぞ。あ、そうだ。次男の出産直前の時と同じだ！）

そう思って、なんだか愉快な気持ちになって、今度は、自分がまるごと宇宙になったような気持ちで、中を探検し始めたのです。

すると、多くの惑星がみえて、それをさらに辿ると、自分の臓器や器官の姿が浮かび上がってきます。

それぞれに皆、独特な動きと色、形、振動を持ちながら、一様に光輝いています。

ああ、やはり身体はミクロコスモスだったんだなぁ…と、うっとりと眺めているうちに記憶がなくなり、いつの間にか寝てしまったのでした。

「いのち」に気が付くことで起こった奇跡

目が覚めた時は、朝7時少し前です。

病院では7時に院長回診があるので、その前に目覚められたことに安堵《あんど》したのですが、入院始まって以来の、快調な目覚めであることに驚きました。

（んー？　何だろう？　一体何があったんだっけなぁ？）と、まだボーっとしたまま、ボサボサの前髪をかき上げました。

その手は、左手でした。

（あれ？　私は今、この手、動かないんじゃなかったっけ？）、ぎょっとして、今度は左足に意識を向けてみました。

すると、すぐさま布団がバサッとめくれ上がり、そこから勢いよく左足が掲《かか》げられています。


（はぁ？　なんだこれ？）と目を丸くしていると、パタンとドアが開き、院長先生と看護婦さんが個室の中に入ってきました。

「おはようございます」と、先生はちらりと顔を見て、ご挨拶《あいさつ》をされます。

私は、ペコリと頭を下げながら「おはようございます」と返事をしました。

そして、あまりに急だったため、今しがた起こった出来事を、どう説明してよいかわからず…とっさに「ハ〜イ」と言って、左手で手を振ってみました。

「あ、はい」と言って、一瞬、先生は（なんだこいつ!?）という顔をしましたが、次の瞬間、「えっ？」と声を上げ、視線をカルテに移しすぐに左手を見る、という動作を数度、繰り返しました。

私は、どう言えばいいんだろうと戸惑《とまど》いながら、「…あの～、なんか、動いちゃってるんですう」と間抜《まぬ》けな声をあげながら、左足もあげて、ブラブラと動かしてみました。

その途端、カルテが床に落ちて、「はせくらさん、緊急検査です！　そのまま待っていてください」と慌てた声で言った後、そそくさとカルテを拾い上げ、去っていきました。

さて、緊急検査は、たっぷりと3日間かけて行われました。結果は、どこも異常なし。詰まっていたと思われた血栓のあとすらもありません。しかも、最初に撮ったレントゲン自体が、きれいな脳の状態のままだったのです。

こうして、再び院長室に呼ばれた私は、院長先生より、

「あのー、医者としてあまり使いたくない言葉ではあるんですが、どうやら奇跡が起きたようなんですね。…なので、あなたはどこも悪くないので、もう退院してもらっていいんですけれどね」と言われ、急遽《きゅうきょ》、その日の午後に、無事退院となりました。

嘘みたいな本当の話ですが、この一連の出来事は、その後の私の人生に大きな影響を与えることとなりました。

何より変わったのは、「いのち」を主として生きることを、本気で選択したことです。

以来、**「私は肉体でもなく、心でもない。ましてや出来事でもない。私はそれらを観ている、〝いのち〟である」**という想いで世界をとらえるようになりました。

たとえ、何かトラブルが起きた時でも、「さぁ、どうする？　この人（私のことです）は、この出来事を通して、どう対処し、どれだけ気づきを深めることができるかな?」という、俯瞰的《ふかんてき》な視点で「我」を観察する習慣がつきました。

今も、「いのち」としての私が、この原稿を、面白そうに眺めています。


さて、「いのち」の私は、この美しい星―地球に、肉体をもってやってくることが出来たことを、心から喜んでいるようです。

それはもちろん、あなたも同じ。

あなたの「いのち」も、同じように、ニコニコとあなたをまるごと包みながら、あなたという存在すべてを、心から愛し、いつくしみ、誇り高く思っていることでしょう。

いつか脱ぐことになる、この地球服を大事に扱いながら、喜びと共に生きていけたらいいですね。


どうぞ、幸せでありますように。（↑「いのち」さんからのメッセージ）

直観を磨く

膨大な情報から何を選ぶか

これからの時代、何を意識し、暮らしていったらよいかを問われれば、私は迷わず、「直観を磨くとよいでしょう」と答えると思います。

なぜなら、情報洪水ともいえるほど、ものすごい量の情報にさらされながら暮らしている私たちは、その中から自分にとって必要で正確な情報を得ていくことが、実に至難《しなん》の業《わざ》でもあるからです。

現在、私たちが一日に受ける情報量は、平安時代の一生分といわれており、江戸時代に換算すると一年分の情報が、たった一日で得られているのだそう。

…うーん、助さん、角さんが、今の時代にやってきたら、「て〜へんだぁ」と言って腰を抜かしてしまうかもしれませんね（笑）。

また、年単位で見てみても、ここ数年だけでも急速な情報量の膨大化《ぼうだいか》が進んでいます。

たとえば、平成22（２０１０）年の情報量が1ゼタバイト（ゼタバイトとは、通常、地球上の砂粒をすべて集めた数、といわれています。キロバイト↓メガバイト↓ギガバイト↓テラバイト↓ペタバイト↓エクサバイト↓ゼタバイトで、それぞれ１０００倍ずつ増える）でした。

その10年後である令和２（２０２０）年には、なんと44ゼタバイトになっているのです。

この膨大な情報量から、必要な情報を選び出すというのは、まるで、見渡す限り拡がっている、広大な砂漠の真ん中に立って、落したダイヤのかけらを探し当てるようなもの。しかもそのダイヤは、すでに砂の中に埋もれてしまっている、とたとえるとイメージが付きやすいかもしれません。

ちなみに、令和7（2025）年には125ゼタバイトになるといわれています。

そう考えると、情報量は今後ますます膨大化の一途を辿るのは間違いないので、その中から、いかに自分にとっての最適解《さいてきかい》を見つけ、その情報を活用しながら生きていくか、ということがすこぶる大切になってくることでしょう。

コロナのとらえ方も採用する情報で変わる

すでにコロナ禍を経て、私たち自身が、肌感覚で体感しているように、どの情報を選び、信じていくかによって、言動や行動、考え方がまったく異なることを観《かん》じておられるかと思います。

たとえばマスクの是非、ワクチン接種の考え方、外出の有無や行動範囲、人との付き合い方など、目に見えて、その人が持っている考え方が浮き彫りになって表れていますよね。

また、どのメディアを観ているのか？　どこからの情報を採用しているかによっても、見事に変わってきています。あえて大まかな区分けをしてみると、オールドメディアと呼ばれる新聞、テレビからの情報を主として生きている人と、インターネットから流れる多種の情報をソースにして生きている人とでは、面白いほどに見える世界が異なっているようです。

私自身は後者のほうで、主にニュースなどは、いろいろなサイトからの比べ読みをしたり、スポンサーがつかない独立系メディアや海外ニュースなども参考にしながら、真実や実態を探るようにしています。

とはいえ、たとえそのような情報の取り方をしたからといって、真実を見つけられるわけではありません。

なぜなら世界中、誰でも発信することが出来るネットの世界であるからこそ、フェイクニュースやディスインフォメーションも闊歩《かっぽ》している世界だからです。

超意識からの直観をベースに置く

では、実際にどうやって選び、取り入れていったらいいのでしょう?

それが、直観です。

直観を選択の鍵とし、行動のベースに据えるのです。

直観とは、思考・推論などを差し込まない直接かつ即時的な認識法であり、前ページまでのエッセイでお伝えしている「本体・本質の自分」、「いのちとしての自己」が、表面の自己へと教えてくれる通信手段です。

別な表現でいうと、人が持つ三層の意識―顕在《けんざい》意識・潜在《せんざい》意識・超意識のうち、最奥部にある、超意識の層からもたらされるダイレクトメールのようなものです。

この直観を磨いていくことが、砂漠の中からピンポイントでダイヤモンドを見つけ出す、もっとも効率的で効果的なコツであります。

ちなみに、虫の知らせを感じたとか、ヤマ勘、なんとなくそんな気がした、というのは直観ではなく、直感のほうです。

もちろん、この感覚も大事ではあるのですが、精度としてはそれほど高くありません。やはり、超意識、大いなる自己から、直接、インスピレーションを通してもたらされる「直観」を使ったほうが、正確な判断、識別が出来ることでしょう。

なお、この直観がもたらされるソースは、超意識がもとになっているのですが、その領域よりは低い（粗い）ながらも、個々の自分にとって馴染《なじ》みがよく、繋がりやすいハイヤーセルフ（高次の自己）を意識するというのでも大丈夫です。

そうすることで、自分自身の気づきの状態、意識の拡がりに応じて、その時々もっとも必要で、大切な情報をインスパイアーさせてくれます。

次からは、直観とハイヤーセルフの関わりについて、詳しく解説していきたいと思います。

ハイヤーセルフと仲良くなろう

高次元から肉体次元へ

近ごろ、少しずつ皆に知られるようになってきている言葉――ハイヤーセルフ。

高次の自己であるハイヤーセルフと直観の関わりについて、説明していきますね。

では最初に、私たちの存在の源である超高次元の場所から、現在の肉体を持つ低次元の自己へといたった仕組みを1～10の段階に分けて記述します。

高次元から低次元へ――ディセンション（次元降下）の仕組み

1　The One（大いなるいのち・サムシンググレート・根本創造主）。

2　神の火花の如く分化されたOneたち。

3　そこからさらなる分化を果たし、次元降下していき多種多様、多層に分かれるＯｎｅたち。

4　次元降下したＯｎｅたちの性質に合わせてグループソウルとなるＯｎｅたち。

5　グループソウルの中の一つである、分化したＯｎｅがソウル（魂）となる。

6　ソウルの中にあって、その一部をさらに次元降下させたものが、スピリット（精神）となる。

7　スピリットの中にあり、その一部をさらに次元降下させたものが、ハイヤーセルフ（高次の自己）と呼ばれる。

8　ハイヤーセルフを有したまま、さらに次元降下させたものが、ロアーセルフ（低次の自己）と呼ばれる。

9　ロアーセルフの中に、マインド（心・思考・感情としての自己）を保有する自己―マインドセルフがある。

10　マインドセルフを始め、ハイヤーセルフ、スピリット、ソウルを保有する、三次元下で見える肉体としての自己―フィジカルセルフである物質的身体（フィジカルボディ）を所有する、自己を知覚する。こちらもロアーセルフ（低次の自己）の一部。

という順番で現れます。

肉体の側から簡単に言うと、ロアーセルフ（肉体＋心）↓ハイヤーセルフ↓スピリット↓ソウル↓グループソウル↓分かれたＯｎｅたち（ここがひたすら続く）↓Ｔｈｅ Ｏｎｅ（大いなる一つ）です。

この仕組みのなかでもっとも大切なことは、あらゆるすべてのなかに、ＴｈｅＯｎｅの意識が織りこまれているということ。言い換えれば、すべては大いなる一つの表われであった！　まさしく、全にして一、一にして全（すべては一つで、一つのなかにすべてがある）世界でもあります。

愉しみ味わうように創られている

ではここから、Ｔｈｅ Ｏｎｅの気持ちになって、筆を進めてみたいと思います。

大いなる一つである、いと高き存在である我―自ら分かれし者は、とうとう華麗なる次元下降を成功させ、物質のある次元までやってきました。

しかも、時間を直線的に認識する世界なので、空間の中に、過去や未来、現在という「区分け」も出来ることから、物質やものごとが確定されやすいことがわかりました。

つまりは、新しい体験ができる興味深い「ドラマ」が生まれやすい環境であるということです。

そんな意識世界に辿りつくことが出来たＴｈｅ Ｏｎｅは、なんと刺激的、かつ濃密で面白い時空であろうと心躍りました。

それが地球です。

そもそもＴｈｅ Ｏｎｅはあらゆるすべての産みの親ですから、おのおのの中にその心を宿しているのですが、とりわけ、Ｔｈｅ Ｏｎｅの持つ創造の仕組み（想いは創造できる）を直接、転写した状態で創った生命体―ヒトには、特別な思いがありました。

言葉にすると、こんな思いです。

「霊《ひ》を留めるものよ、行ってきなさい、想いなさい。
想いを想像し、創造してごらんなさい。
そしてすべてを味わい、楽しみ、愛《め》でるのです。
我はそのすべてを味わい、楽しみ、愛でています。
そうして再び、我のもとへと戻ってくるのですよ」

こうして、Ｔｈｅ Ｏｎｅの想いを受けた被創造物―ホモ・サピエンスは、地球での大切なお役を担うことになったのです。

ですので、私たちは本来、安心して、あるがままに自由に想像し、それが形為《な》すさまを、「楽しみ味わう」ように創られていますから、何の心配も不安もいらないのです。

とはいえ、私たちは、肉体という地球服を着て、この物質三次元世界に舞い降りた時に、そんな記憶などすっかり忘れてしまっていますから（覚えているままだと旅の醍醐味が減ってしまうかもしれませんからね）、楽しいことだけではなく、いわゆるネガティブと呼ばれる経験や感情も、山のように体験してしまうのです。

ＴｈｅＯｎｅのアドベンチャーストーリーとしては、それもまた貴重な体験であるには違いませんが、肉体を持っている私たちヒトの側からしてみれば、たまったものじゃありません。

だからこそ、創りしものである「大いなるひとつ」は、創られしものである私たちがＯｎｅへと繋がる一筋の道を、時の始まりから塞ぐことなく、しっかりと用意してくれていたのです。

それが、直観であり、直観を感得することができる、ハイヤーセルフという意識の次元です。

直観の磨き方

少し話が壮大になってしまいましたので、戻します。

私たちが通常、自分が自分であると認識している場所―アイデンティティが及ぶ範囲は、フィジカルセルフとロアーセルフが主となっていて、それ以上の階層については、通常はあまり意識されることがないのですね。

けれども、実際は、目に見える身体の中には心があり、その心の奥には、さらなる精妙な意識があり、それは連綿と繋がり、大いなる一つの意識へと確実に連なっています。

ですので、日ごろの自分の感覚より、少し上位に位置する場所―そこがハイヤーセルフなのですが、このハイヤーセルフという静謐《せいひつ》な心の場から感じられる「想い」を暮らしの中に生かしていく、ということが人生を好転させていくコツとなります。

このハイヤーセルフを含む精妙な意識からやってくる想いの質感（クオリア）が、

「直観」です。

それでは、いかにして直観を磨いていったらよいのか？　私が昔からやっている、シンプルな方法をご紹介しますね。

直観力の磨き方

1　内なる声に耳を傾ける。
2　その内なる声に沿って行動を起こす。
3　行動することで生まれた現象、結果を観察しながら俯瞰《ふかん》し、再び、内なる声に耳を傾け、行動する。

実際、どのようにしているかは、前述までのエッセイで感じ取っていただけるかと思います。

このように、表面の自己―頭で考えて、あれこれ思索したり、感情によって判断を見誤ってしまうロアーセルフではなく、そのさらに向こう側（奥側）におわします、高次の自己―ハイヤーセルフがささやく、内なる声のほうに耳を傾け、その声に基づいて現実生活を営みます。そしてそれを、ひたすら繰り返して、精度を徐々に上げていく、という感じでしょうか。

現実の結果が教えてくれる

もし、内側から感じる声が、直観なのか、自分のマインドの声なのか、よくわからない場合は、出てきた行動の結果を見て、識別されるとよいでしょう。

ハイヤーセルフ（直観側）主体だと、やはり上手くいく確率がとても高いですし、ロアーセルフ（主観、自我側）だと、たとえその場は上手くいったとしても、全体的なバランスが取れなかったり、時間が経つにつれてほころびが出たりと、なにかと不調和な出来事が現れやすいのです。

とはいえ、時には、たとえハイヤーセルフ（直観）側であったとしても、上手く事が運ばないばかりか、より混乱が加速するという場合もあります。

そんな時は、より深く心に問いかけつつ、意識は天の眼思考で―超・上から目線で出来事を俯瞰、観察してみてください。

そうすると、混乱の、さらに奥にある意図や望み、天の願いというのが透けて見えてきます。

基本的に、大いなる自己―神聖なる我の意識は、上手くいくことが〇で、上手くいかないことが×という二元性の世界を軽々と超えた、あらゆるすべてを包含した先にある調和世界を観ているため、表面だけを見て判断するのも早計ではありません。

とりわけ、今の時代は、意識が上昇する過渡期でもあるため、実際の表れとしてはむしろ混乱や暴虐といった不調和な状態―カオスとしてあらわれることもあるでしょう。

それはまるで、ホットケーキを焼くときに、それぞれ独立して調っていた素材（卵や小麦粉、ミルクなど）を、かき混ぜてしまい、元の形を失くさせてしまうようなもの。

その地点だけをみると「一体、何をしてくれるんだ」と不安に思うかもしれませんが、やがて、時間がたてば、ふっくら美味しいホットケーキが焼きあがるのですから。

楽しみながら続ける

これからの時代は、ますます直観の声が大事になってくるので、ここからは日常で出来る簡単な実践編をあげてみたいと思います。

もしあなたがレストランに行って、メニューを決めようとします。

そのメニューを開いた時に、心がキュン！　ときめくものがあったとき、それは直観からのおたよりである場合が多いです。

次にそのメニューの値段を見て再び考えます。

思考は言います。（…ちょっと高いなぁ。もう少し安いものにしようかなぁ。うーん、これもいいし、あれもいいし、迷うなぁ…）といった具合で、あれこれと悩み始めます。

この場合、パッと見て心がときめくものを選ぶ方が、食べ終わったときの満足度が高くなるんですね。

もちろん、お財布事情もあるので、ときめいた食べ物が、高すぎて無理だなぁという場合は、再び、心の中にある内なる声に問いかけて「あのー、さっきのメニューはお財布事情に合わなかったので、次に、私が大満足するメニューを教えてね」と聞けばいいのです。

結果は料理となって、すぐにわかります。

このような感じで、楽しみながら、直観磨きを続けていかれたらよいと思います。

暮らしのあらゆる場が直観磨きの道場です。

どの野菜を選ぼうか、カフェのどこに座ろうか、電車のどの車両に乗ろうか、誰といつ会おうか、どこに行こうか、いつ行こうか、どの情報を選んで取り入れてみようか…などなど。

ささいなことから大きなことまで、人生における様々な選択、意思決定の場を、内なる声を道しるべとして進んでいくことで、人生は確実によきものとなっていくものと思われます。

それはまるで、自分が一歩進んだら、十歩応援が入ってくるような感覚です。
そう、それはシンクロニシティ（共時性）に満ちている、感動と喜びの時空です。
ぜひあなたも直観の使い手となって、ハイヤーセルフと共に、ますます素晴らしい世界を創造して下さいね。

「Happy Time」油彩 ©Miyuki H

第二章 心豊かな日々へ

ご機嫌を選ぶ

問題解決のコツとは？

毎日を心地よく、充実して生きたいと誰もが願っています。

しかしながら、日々のルーティンや仕事に追われ、充実感や喜びを感じることなく、ただなんとなく日々を過ごしてしまっていることも少なくありません。

ましてや人間関係のトラブル、金銭面の心配、仕事や家庭での問題、将来への不安などが心を覆っている時は、充実感どころかストレスの方が勝って、心地よさとは裏腹の日々を送ることになってしまいます。

私自身、たとえ「いのち」としての自分を中心に生きると決めたからといって、よいことばかりが起こるわけでは決してありません。

もちろん幸せ～と思うことも多々ありますが、時折、思いっきり正反対の出来事が起こることなどもあり、そんなときは、おろおろしながらため息をついています。

けれども、心の奥底では、「でも大丈夫。いつか終わる。宇宙は私をつぶさない」といった感覚の〝根拠なき自信〟があるようで、落ち込んでいるはずなのに、落ち込んではいないという、不思議な日々を送るようになりました。


そのたびに、アインシュタインの名言―「いかなる問題も、それを作り出した同じ意識によって解決することはできません」が思い浮かびます。

私はこの言葉を、今までと同じやり方、モノの見方のままでは、なかなか突破口は見つからず、堂々巡りするだけであり、だからこそ、その問題をきっかけとして、いかに自身が放つ周波数を上げ、気づきの度合いを深めていくかがポイントで、それによって、新しい世界（問題が解決されている時空）が開けていくのだ、ととらえていたのです。

とはいえ、この世界は時間経過がともなう世界でもあるので、いきなりスッと変わるわけでもありません。すんなり変わるものと変わらないものがありますし、特に、人間関係においては、人の複雑な心模様が介在するため、一筋縄ではいかないこともわかってきました。

それでもなお、心の奥深くにある安心感は、消えることはありません。

むしろ困難な時ほど、内なる声は「大丈夫。すべてはうまくいっているよ。大丈夫」と囁《ささや》き、同時に「この出来事を通して、あなたは何を感じ、何を学び、どう行動したいと願う?」とも問いかけてきます。

そうして内なる叡智《えいち》との対話を続けながら、想い、語り、行動を続けていくうちに、気がついた時には、見える世界が変わっていたということが多々ありました。

その中には、離れてしまったご縁のものもあるし、また新しく生まれたご縁もあります。

自ら手放したものや、強制的に手放されたものなど、さまざまな出来事を通して、少しずつ「気づき」の度合いを深めていったのだと思います。

今までのこうしたプロセスを通して感じることは、「ご機嫌を選ぶ」ということの重要性です。

ご機嫌でいるということは、自分がリラックスして自然体である、心地よい状態である、または自分らしくあるという状態のことであり、見える表情は、穏やかでにこやかな状態です。

半身不随《ふずい》の時のエピソードのように、過去の私は「頑張る」ことが美徳だと思い込んでいたため、自分の身体の声を無視して働き続けたり、理不尽で納得いかないことがあったとしても我慢し、頑張ってこなすことが、大人としての流儀なんだと思っていました。

我慢すること、自分の想いを内に押し込めてしまうこと、人にとりあえず合わせてしまうこと、とにかく頑張る、を続けること…、まるで「良い子」でいることを強要されたかのように、自分自身でそうあらねばならぬと決め込んでいました。

けれども、いよいよ八方塞がりとなったとき、私は自分自身に対する誠実さを欠いていたことに気づいたのです。


自分に誠実さのない人が、他者に対して、本当に誠実でいられるのだろうか？

このパラドックスに気づいた私は、さっそく「良い子、良い人」を演じようとする自己の次元から卒業しようと思いました。

とはいえ、あまりにも長い間、そのスタイルに慣れ親しんでいたために、どうやって抜け出したらよいかわからなくなってしまったんですね。

直観がＯＫというので、ある選択をしたとしても、他者が関わることであれば、もしかしたら、この選択は我がままなんじゃないだろうかとか、この行動によって誰かを傷つけてしまわないか…など、ビクビクする心が生まれてきてしまうのです。

なので再び内なる声に聴いてみると…、「では、あなたは、どうしたいと思っていますか？　どうするのが心地よく、適切だと考えていますか？」と逆に問いかけられてしまいます。

そんなやり取りをしばらく続けているうちに、（あ、これでいこう！）と思った、絶妙の感覚―それが、「ご機嫌を選ぶ」だったんですね。

「私はご機嫌でいる私を選びます」

と、心で唱えて、心地よい、しっくりくる、気持ちいい、ニコニコできる、嬉しくなる、ホッとする、落ち着く、ハッピーであると感じるものやことや人の御縁に、従うようにするのです。

こうして、自然と生まれてくる感情こそが、内奥から教えてくれる、神の情―神情（感情）であったことに気づき、軽い感動を覚えました。

さて、最近特に、自分軸という言葉がよく使われるようになりましたよね。

他人の評価や目を気にしすぎる多くの日本人にとって、とても良き言葉であると思います。

こうした言葉に光があたることで、本来の自分に立ち返っていく、素晴らしい契機《けいき》を与えられていると感じるからです。

とはいえ、他を顧《かえり》みず、自分だけがよい「自分軸」で生きてしまうと、本末転倒《ほんまつてんとう》というもの。

これでは、せっかくの自分軸が、ただの我がまま軸―自分自我軸になってしまいます。

自我（Ｅｇｏ）という領域は、自分自身を自覚する大切な意識ではあるのですが、肥大した自我は、人やモノ、コトとの不和を引き起こし、自身が放つバイブレーションを確実に下げていくだけなので、決して得策ではありません。

いうならば、自分自我軸ではなく自分真我軸です。高次の自分とバイブレーションを合わせて、他者や万物、大いなるものと繋がっている自己が、自分自身なんだととらえ、その尊い自分が、たったいま、自らの心と身体を通して表れているんだと思いながら生きるのです。

そうすると、次第に、高次の自分を通して、どの次元、どの存在とでも意識のコミュニケーションが図れるようになり、自分自我軸から自分真我軸へ、そして観自在となる自在軸へと到達していくことになります。

その出発点が、ご機嫌（の次元）を選び生きるということです。

戦うのでもなく、逃げるのでもなく、声高に主張するというわけでもない。

ただ、私が心地よく、腑《ふ》に落ちるのはこの方向（出来事やモノなど）なんだよ、ということを淡々と伝え、行動へと変えていくこと。

こうした強さ、しなやかさ、そして凛《りん》とした生き方が、今後ますます問われていく時代になることでしょう。

健やかでいよう

健康はより良く生きるためのツール

心も身体も心地よく、健《すこ》やかな毎日、充実した毎日を送るためには欠かせないもの。

もし、身体の調子が悪いと、どうしても心もどんより、背中も丸まって、笑顔も減ってしまいますものね。


私自身、もともと健康オタクではあったのですが、40歳の時になってしまった脳卒中を機に、元気だからと猛進せずに、自分の身体の声を聴きながら暮らしていく、ということを意識するようになりました。

とはいえ健康をゴールにはしないよう気を付けています。

つまり、健やかな心と身体でいることは、人生をよりよく生きるための、素晴らしいツールであり、手段なんだよ、という考え方です。

こうして目的と手段を差し違えないでいることで、気持ちのよい毎日を送ることが出来ます。というのは、ワクワクする楽しいことって、健康にはあまりよろしくないであろうものが結構あるんですね。


たとえば夜遅くまで好きなものを観るとかおしゃべりをする、美味しいスイーツや嗜好品《しこうひん》を食べ過ぎる、好きなことに没頭しすぎて、生活リズムが乱れる…など。

なので、私自身が考える健やかさのありかたは、たとえ身体にとって、悪そうなものを摂《と》ろうがしようが、影響をうけることなく、全然元気！　という身体になっていたいな、というものです。

いざというときにはたっぷりと遊び倒せるよう（笑）、丈夫な心と身体をつくっていきたいなと思っています。


昨年から新型コロナウイルス騒動で、世界中が大混乱していますが、健康という意味では、全世界的に健康を意識するようになりましたよね。

とりわけ、感染症にかかりにくい身体づくりということで、免疫力というものに注目が集まるようになりました。

免疫とは、すでに周知のごとく、病原菌やウイルスなどの異物から、身体をまもる機能のこと。

免疫力が下がると体をまもる働きも弱まるので、やはり免疫力を上げておくことは、健やかな暮らしを送る上でも重要なキーワードとなります。

免疫力アップの方法

というわけで、普段、私が意識している免疫力アップの方法を、四つご紹介しますね。どれも、いってみれば、そりゃそうだよねというシンプルな生活習慣ばかりではありますが…。

免疫力を高める暮らし　四つの心得

①体温を上げる・軽い運動をして代謝をよくする。
②十分な睡眠をとる。
③腸内環境をよくする。
④ご機嫌でいる。

…です。一つひとつ説明していきますね。

まず①「**体温を上げる・軽い運動をする**」は、寝る前にしっかりお風呂に入って身体をあたためること、負担にならない程度の運動やストレッチをして、代謝をよくするということです。

免疫力は体温が1℃下がると30％低下し、逆に1℃上がると、一時的であれ、なんと最大5～6倍アップするらしいのです。

その話を聞いた時から、ついささっと入っていたお風呂を、一日の中のご褒美《ほうび》タイムとして、ゆったりと湯船に浸かるようにしたのです。

目安は、汗がじわりと出てくるところまで、湯船に浸かってリラックスすること。そうすることで、その後の入眠もスムーズになり、心も身体も芯からあたたまり、疲れを明日に引きずることがなくなるのです。

また、運動に関しては、ストレッチや簡単なヨガなどの他に、最近は毎日、ジョギングをするようになりました。もともと、走るのはあまり得意ではなかったのですが、いざ、始めてみると、身体の動きがスムーズになり、心も身体も軽やかになるので、いつの間にか習慣化して現在にいたっています。

あらためて、「好き」とか「楽しい」という気持ちこそが、習慣や継続の鍵となることを実感し、感動しているところです。

生きるということは、身体を動かし、使うということでもあるので、体力をしっかりつけておくということは、本当に大事なことです。

今は、ユーチューブの動画やスマホのアプリなどでも、ヨガやストレッチ、エアロビクス、健康体操など、健康づくりを応援してくれるたくさんのツールがあるので（しかも無料）、それらを活用しながら、意識的に身体を動かし、心も身体も、めぐりをよくさせていきましょうね。

あなたはどんな運動がお好きですか？

次に②「**十分な睡眠をとる**」ですが、睡眠の質と量（時間）が、そのまま免疫力アップへと繋がっているため、睡眠不足にならないように気を付けています。

具体的には、遅くてもその日のうちに寝る（日付をまたがないようにする）ようにしています。

また、「ストレス」は免疫力を下げるといわれているのですが、もっとも身体にとってストレスになるのが、睡眠不足なのだそうです。

なので、なにはさておき、しっかり寝る。今日できることを明日にのばすな、ではなく、明日でもやれることは、明日に任せよう！（↑脳卒中の時の教訓）で、「頑張る」から「楽しむ」に軸を変え、無理しないようにしています。

③「**腸内環境をよくする**」は、腸内環境をよくすることこそが、免疫力アップにおける一番の肝《きも》とのことなので、食事を中心に、よい腸内環境を創るように心がけています。

というのは、以前、友人のお医者様（消化器内科の専門医）と話していた時、面白い話をしてくれたことがありました。

それは「生命力が強い人に共通する特徴」について、さまざまな角度から研究していたのだそうですが、最終的にわかったことは、よい腸内環境を持っている人が、そのまま生命力の強さへと繋がっていたのだそうです。

つまり、多種多様の腸内細菌がバランスよく棲み着いているお腹の人、ちょうど美しいお花畑のように、色とりどりのたくさんのお花が咲いている（=腸内細菌が棲みついている）腸内が、免疫力も高く、病気の治癒スピードも速かったのだそうです。

私はなるほどなぁと思い、それから腸活を意識して暮らすようになりました。

具体的には、発酵食品や食物繊維・野菜中心の食事をいただくようにしています。

もっとも今は、出された時は何でもいただく「フレキシタリアン」ですが、普段は「ベジタリアン」で、時々、身体の毒素がたまっているかな？　と思った時には、週末ファスティングをして、身体の調整をしています。


発酵食品に関しては、もともと「甘酒」や「豆乳ヨーグルト」づくりが趣味だったので、今もそれを継続し、最近はそれプラス、手作りの野菜糀《こうじ》（玉ねぎ＋糀、生姜＋糀）や、小豆＋糀の小豆甘酒をいただきながら、菌ちゃんライフを楽しんでいます。

しかも、週に一回の酵素風呂通いまで。…って、やっぱり健康オタクかも!?


そして最後の④「**ご機嫌でいる**」に関してですが、こちらは前述の「ご機嫌を選ぶ」の中に、詳しく書いています。

心も身体も、心地よくあること。ストレスがないこと。たとえ、あったとしてもそれをパワーへと変換してしまえる状態。それが「ご機嫌」という、エネルギー活性化の状態であり、同時に、心魂体のバイブレーションが高いことで、免疫力もアップし、健やかな身体へといざなわれるのだととらえています。

特に、家族と暮らしている場合は、自分の心や身体の状態を無視して、周りの希望に合わせてしまうことがよくありますよね。

そうして尽くすことが、母として、主婦として、当たり前であると思い込んでしまっているのです。

けれども、これではやはり不自然なのです。「自己犠牲」のステージは、もう風の時代に適さないのです。

疲れている時は疲れていると口に出し、気が乗らないものやことにはNOを伝え、自分自身の心と身体を顧《かえり》みて、自らに誠実さと正直さをもって暮らしていった方がよいと思います。

心も身体も軽やかに、朗《ほが》らかに笑っている状態─ご機嫌でいるということは、決して怠惰《たいだ》でも、我がままでもなく、結果として自分を含めた、家族と周りを幸せにし、皆が、健やかで満ち足りた人生を送るための大切な要素ではないかと考えています。

さぁ、丈夫な身体を手に入れて、楽しい毎日を過ごしていきましょうね。

起った出来事を面白がってみる

ピンチ時にいただいたサポート

人生の中には、ピンチだから助けて〜と、途方に暮れてしまうようなシーンが訪れることがあります。

けれども、こうして今、生きているということは、まぁなんとかなったということであり、大丈夫だったということでもありますよね。

振り返ってみると私自身も、これはまいった！　となった出来事がいくつかあるのですが、あらためて思い返してみると、そのたびに、見えない宇宙のサポートをいただいていた気がしてならないのです。

たとえば、独身時代に山登りをしていた時期があったのですが、その山登りの途中で、目にゴミが入り、私はあまりの痛さで、目を開けられなくなってしまったときのエピソードを綴《つづ》ってみたいと思います。

その時は、一緒に登っている友人たちが
「涙をいっぱい出して、中のゴミを出したら大丈夫よ」と言ってくれるのですが、泣いてもゴミは取れることなく（おそらく木片）、ますます痛みが増した私は、思わずその場にしゃがみ込んでしまいました。

これでは登ることも、降りることもできません。

友人たちに、思わぬ迷惑をかけてしまっていることも心配です。

…と、ちょうどその時、下山してきた登山者が、私たちのグループを見て声をかけてきました。

「どうしたんですか？」

「ええ、この人、目にゴミが入っちゃったみたいで、なかなかとれないんです」

友人が答えると、その人は、

「あー、そうでしたか。わかりました」と言い、私に、「眼、見させてくださいね」といって、すぐさま瞼《まぶた》に手を触れました。

「イテテテテッ！　あのー、すみません。あなた、誰ですか？」と私。

その人は、「あ、失礼しました。私は眼医者です。大丈夫です。お任せください」と言って、私の眼を観察したあとは、手際よく、リュックの中にあった医療用のセットを取り出し、ピンセットと点眼剤を使って、またたくまに異物を取り除いてくれたのです。

最後は、瞼をぐるっと裏返し、「はい、まずどこにも異常なし！」と伝え、「ではさようなら」と言いながら、さっそうと山を下りていきました。

その華麗なる動作に、仲間全員はあっけにとられ、「一件落着、目出度し、目出度し」とおどけた私は、その後無事に登山を楽しみました。

他にも、海外で、あまり治安のよくない場所で迷子になって困っていた時に、どこからともなく警官が現れて安全な場所まで送ってくれたりなど、後から思うと、ゾッとする体験を、結構していたんだなぁと思いました。

面白がるという視点

あらためて、そうしたピンチが起こった際、無意識でやっていた心の向け方を感じてみると、ある共通点があるのに気づきました。

それは、「わお、こう来たか（こう出たか）、なんだか面白くなってきたぞぉ」と心で言っていたのです。

最初は、アクション映画で語るヒーローたちのパクリかな？　とも思っていたのですが、よく感じてみると、表面の私はしっかり戸惑っているので、言っているのは、もう少し奥にいる、自分自身の声でした。

そうか。奥なる自分は、時空を超えて観察することが出来るので、何か問題が起こったとしても、それを解決する方法も同時に知っているんだな、ということは、

「面白くなってきたぞぉ」の視点を持つことで、解決されている時空へと運ばれるようになっているんだ、と思ったのです。

そのことに気づいてからは、意識的に「面白がってみる」という視点を持って、楽しんでみることにしています。

そのうちに、「すべてはネタ！」と思えてきて、「これはピンチ！」だと思うことがあったときはすぐさま「あ、ネタきた〜！　面白くなってきたぞぉ」と、心の中でひとりつぶやきをするようになりました。

こう言い切ってから進むことで、思わぬアイディアが浮かんだり、想定外の展開が訪れたりして、結果として元のかたちより、さらに良くなって進むようになりました。

ローマ空港で起こったピンチ

せっかくなので、もう一つ面白いエピソードをご紹介したいと思います。

それは、イタリア中部の街―フィレンツェに住んでいたころの話です。

時折、日本で開催していたセミナーのために帰国していたのですが、その時もトランジット経由で、成田へと戻る予定でした。

けれども、あいにく大型台風が日本列島に近づいているとのことで、最終目的地を日本にしていた人のみ、搭乗直前でゲートの外に出されてしまったのです。

場所はまだローマ空港。人数は20人ほどだったでしょうか。その時はわけもわからず搭乗ゲートの外側に追い出されたため、なぜ、飛行機に乗れなかったのか、近くにいたブロンド髪が美しい女性職員に尋《たず》ねると、

「今、成田空港が封鎖になりましたぁ。

次の便がいつでるかまったくわかりませーん。

ここはローマ空港。ショッピング、レストラン、たくさーんありまーす。

チョー楽しいからぜひ楽しんでねー。バーイ!」と、驚くほど明るい（語った英語を日本語に直すとこんな感じ）声で、アナウンスをしてくれたかと思うと、そそくさとカウンターの奥へと消えていきました。

さて、どうしたものか？

セミナーは3日後に控えており、絶対にその時までには帰国しなくてはいけません。けれども、日本行きのフライトがほぼキャンセルのため、そもそも帰国する飛行機がありません。

携帯で必死になって調べたところ、2時間後に、今まで聞いたこともない航空会社ではあったものの、翌朝、トランジットを駆使《くし》しながら、日本に戻れる便が見つかりました。

この飛行機だと、なんとか開催日当日の午前中には、帰国できそうです。

…ほっ、一安心。

今日はホテルでも取ってゆっくりしようと思ったのもつかの間、預けたスーツケースが、手元に戻っていないことに気がつきました。

出発時間が間近だったため、スーツケースだけ、トランジット先であるアラブのアブダビ空港に運ばれている可能性があります。

「うっそー」と思いながらカウンターに戻り、事情を話して調べてもらいましたがまるで返答なし。

やっと返ってきた答えは、「残念です。ロストバゲージです。見つかったらご連絡をいれますので、この書類に記入しておいてください」とのこと。

「どのぐらいで見つかりますか?」と聞いたら、「1日から1週間ぐらいです。でも、安心してください。たぶん、無くなりはしませんから、ゆっくり待っていてください」

と言い、男性職員は軽くウィンクをしてくれました。

ガーン。

私はショックを受けながらも、一縷《いちる》の望みを託して、今度は荷物カンターのところにあるロストバゲージ係のところに行きました。

結果は、同じ。「いつか出てくる」。

荷物の中には、セミナーで使うものなども入っていたため、荷物をあきらめて、わが身だけ帰国するという選択肢は思いつきませんでした。

途方に暮れた私は、「絶対、スーツケースをもって帰国する！」と決め、ズン！と荷物レーンのそばにある椅子に腰かけました。

（なんて面白いネタができたんだ。よーし、面白くなってきたぞぉ）と繰り返すこと3回。だんだん肝《きも》が据わってくるのがわかります。

負の感情を消すことで訪れた奇跡

すると、その前に心に決めた「絶対、スーツケースを…」の「絶対」という言葉が気になってしょうがなくなったのです。

なぜならこういう場合の「絶対」という言葉は、執着そのものであり、その奥側には、もし、出てこなかったらどうしよう？　という恐れや不安、疑いの気持ちがこびりついている、という裏返しでもあるからです。

私は今までの経験上から、こうした負の感情がわずかでもあるうちは、まず、成功しないことを知っていました。

なので、このべったりはりついている感情を、いかに手放すかということにフォーカスしてみました。

（さて、どうする？　面白くなってきたぞぉ）と小さな声でつぶやきます。

すると視界の奥に、ポツンと置かれている黒いかたまり─空港ピアノがあるではありませんか。その途端に、頭の中から電球マークが浮かびました。

（あ、アレだ。アレを使おう）

つまり、ピアノを弾くわけです。

といっても私自身、10代のころにピアノを習ったきりで、以降、数十年、ほぼ弾いたことがありません。

おそらくうまく弾けないでしょうし、音を外したら、きっと恥ずかしい思いをするんだろうな、と想像しました。

だからこそ、その「恥ずかしい」という感情を逆手にとることで、スーツケースの心配なんて、吹っ飛ぶかもしれないと思いました。…で、予感的中。弾いている間、私の世界は、鍵盤《けんばん》だけになっていました。

(ほっ。では、次いってみよー)。

いかりや長介の懐かしい口まねを心でしながら、スタスタと、椅子に座り直しました。そしていきなり瞑想を始めたのです。足を組み印を結んで目を閉じる、本格的な瞑想スタイルです。

ローマの空港はスリが多いと言われていましたが、さすがの怪しい空気感に、人も寄ってこない様子です。こうして私は、2時間ほど真剣に瞑想しました。

瞑想を続けていくうちに、騒《ざわ》めく気持ちが一つずつ消去されていきます。

しばらくすると、全く揺らぐことのない、大安心の境地、宇宙の意志に触れているなと感じる境地へと、意識が到達したのを感じました。

その次元では、できないことなど何一つありません。なぜなら、自分が世界を創っているから。

思うものは何でも現われ、思った途端、それが「ある」世界。

決して「成る」のではなく、すでに「ある」。思うと「ある」が、そのまま一緒になっているような世界です。

私はその意識の場に属しながら、一言「スーツケース」と命じました。

すると、脳裏の奥から、ボワンとスーツケースが浮かび上がってきます。

私は意識でそれを掴んでみました。ずっしりと重く、持った質感や手触りもリアルに感じられます。それですぐに、

「**私はこの現実を選ぶ**」と言いました。

すると、脳裏に、荷物レーンと、その上に、Gという文字が浮かび上がってきたのです。

私はゆっくりと目を開け、椅子から立ち上がり、そのままGレーンへと向かって、歩いていきました。

するとと、荷物レーンの出口から、今瞑想で見かけたばかりのスーツケースが、レーンを通って出てくるではありませんか。

私はそれを当たり前のごとく手に取って、出口に向かって歩き始めました。歩いている途中でハッ！と我に返り、一日一万個荷物を扱う、この巨大な空港で、ロストバゲージのスーツケースが、どんぴしゃりで出てくる可能性など、どのくらいあるだろうか？　と想うと、いきなり足ががくがくしてきたのでした。


それでせめて、荷物がどこの便から出てきたのか、確認しておこうと思い、戻って、出てきたゲートの上にある、飛行機の便をみてみると、アブダビではなく、イスタンブールからの便だったのです。

私は思わず「飛んでイスタンブール…」と呟《つぶや》きながら、事なきを得、その後、さらに小さな奇跡を数度重ねながら、無事、セミナー開始の3時間前に帰国しました。

セミナーへと向かう車の中で、スーツケースとチケットをしげしげと眺めながら、私は、マンガ世界のパラレルワールドにでも行っちゃったんだろうか？　と苦笑しました。

きっと、奥なる私はその様子を笑ってみていたんだろうなぁ…。

『さぁ、だったらどうします？』そんな声が聞こえてきそうです。

うーん、ますます面白くなってきましたわよ。

「私」という存在を通して繰り広げられる、体験型劇場を楽しんでみることと致しましょうかねー。

現代風六方拝のすすめ

六方拝とは

お釈迦様が伝えてくれた有難い教えの中に、「六方拝《ろっぽうはい》」というものがあります。

私がそのことを知ったのは夢の中でのこと。

寝る前に、なんだか最近感謝が足りていないなぁ、その心を育てる何かいいツールはないかなぁ？　と何気なく心でつぶやいた後、そのまま眠りについたのでした。

すると朝起きがけに「ロッポーハイ！」という言葉が、脳内に鳴り響き、私はなんだろう？　この新しい缶チューハイの名前は？　と思い、目が覚めたのでした。

気になったのですぐにパソコンに向かい調べてみました。するとそれは、チューハイではなく、祈りの行《ぎょう》である六方拝のことを指しているらしい、ということがわかりました。

六方拝とは、東西南北・天地の六方全てに感謝を捧げるお祈りの仕方です。それぞれに祈る対象が異なっていて、「東」には両親・祖父母・ご先祖に、「西」には家族に、「南」には恩師に、北には友人・知人、ご縁のある人に、そして「天」が太陽や月、宇宙の恵みに、最後の「地」が、大地や海の恵みなどに対し、その方角を向きながら、感謝の祈りを捧げる、というものです。

そういえば、昨晩、問いかけて寝たことを思い出し、こうしてインスピレーションをもって教えてくれる大いなる意思の働きに感謝しながら、さっそく六方拝をやってみることにしました。

確かに素晴らしく、感動しました。けれども、どこか腑《ふ》に落ちない感覚があるので、再び、瞑想して心に問いかけてみました。

その中で再びやってきたインスピレーションが、「今の時代にあった六方拝に変えてみるのはどうでしょう？」というものでした。

つまり、基本となる型は変えずに、現代とこれからの時代に見合った、祈りの仕方へと進化させてはどうか？　ということです。

というわけで、心の中で内なる会話をしながら出来た型が、以下となりました。

「令和時代の六方拝」

東 太陽が昇る方向（東）に向かって、一礼する。

まずは、行じることが出来る（感謝行ですね）、自分自身に対し、感謝と祝福を送る。

東 そのまま東を向いたまま、手を合わせ、両親、祖父母、ご先祖といった、縦の流れにいたるすべての人を心でイメージしてから、感謝と祝福を送る。

特に知っている名前の人―両親などの名を具体的に唱えて祈るとさらに効果的。

西

西を向いて一礼&両手を合わせ、家族や兄弟、親戚など、横の流れにいたるすべての人を心でイメージしてから、感謝と祝福を送る。名を伝えてももちろんＯＫ（以下の流れも同じです）。

南

南を向いて一礼&両手を合わせ、今の自分をかたちづくってくれた恩師、マスターたち（会ったことがなくても、よき影響を与えてくれた人や本、先人たち、高次の存在でもＯＫ）に対し、感謝と祝福を送る。

北

北を向いて一礼&両手を合わせ、友人知人、ご縁のある人、近所や社会、そしてこの星に住むすべての方々に向けて、感謝と祝福を送る。

天

再び東に戻り、両手を軽く上に掲げる。少しじーっとして天の気を受け取りながら、太陽や月、星々、宇宙をイメージし、感謝と祝福を送る。

同時に、高次元から常に見守り護ってくれているであろう高次の存在たち（神仏も含む）にも、感謝と祝福を送る。

地

そのまま（東向き）の場所で、今度は両手を下にかざし、大地の気を受け取る。

この星に住む、動植鉱物、万物一切をイメージしながら、感謝と祝福を送る。

そのあとで、東西南北天地一切の感謝と祝福が送られた地球を、心の中で両手の中におさまるぐらいの大きさに凝縮して、そのままハートの中におさめる。

この祝福された地球を受け取ることが出来た、素晴らしい自己に感謝して、「どうぞ（本日も）よろしくお願い致します」と言い、すべてのいのちの代表として、今を生きる自己を自覚しながら、祈りを終える。

なお、感謝の言葉は「ありがとうございます」や「感謝しています」、「愛しています」など。

祝福の言葉は「どうぞ幸せでありますように」や「めぐみがありますように」など、自分にとってしっくりくる言葉を探して伝えていかれるとよいと思います。

感謝と祝福

この進化バージョン―「令和時代の六方拝」と、今までの六方拝の最大の違いは、感謝だけではなく、祝福をも加えている点です。

実際、やってみると体感として伝わってくるものがあるのですが、両親や家族、他人に対しての幸せを願い、祝福の気持ちを送るというものは理解できるにせよ、高次の存在たち―神仏を含めた、いと高き存在に対しても、祝福を送るというのはいかがなものか？　と最初はちょっと戸惑いを覚えるかもしれません。

それでもなお、彼らに対しても感謝と共に祝福の念を送ることで、つまるところ、自分が誰なのか？　自分という存在の本質とは何なのか？　というところが浮き彫りになっていくのです。

つまり、「私」とは、そんな「いと高き存在」たちをも創り得た、さらにいと高き存在そのものであるということに他ならないということです。

もし、ちょっとそれはあまりにおこがましいのでは…と思うのであれば、いと高き存在―クリエイターの資質をしっかりと保有したまま、我という個体を表しているんだ、と考えられるとよいと思います。

また、最初と最後にある、自分自身への感謝と祝福を行うことによって、より自分自身を大切にし、尊厳と信頼を持ちながら、暮らすことが出来るようになります。なぜなら、あなたは今、すべてのいのちの代表として地球を抱いて生きているのですから。

あるいは、自分自身が歩く地球となって、想い、語り、今ここを生きているんだと思えばよいのです。

この六方拝をご縁のある方にお伝えするようになって、一年程経つのですが、「家族関係が良くなった」、「身体の不調が治った」、「両親との確執がなくなった」、「夢の中で、亡くなったおばあちゃんが現れてお話をした」、「自分に自信が持てるようになった」、「愛《いと》おしい気持ちで世界を見渡すようになった」、「運気が確実に上がった」等々、非常に多くの方から、変化を実感するお便りや言葉をいただいています。

実際にやってみると、一分半あれば終わってしまうほどの、簡単なイメージワークでもありますし、お金もかからず、特別な努力も必要ありません。

ちなみに私は、朝起きて、カーテンの窓を開けた時に、寝室のベッド脇で行うという習慣が出来ています。

たまに忘れてしまった時は、なんとなく居心地が悪く、光が満ちていないような感覚になったりもするので、気づいた時にその場で行ったりもします。

あるいは、出先の場合は心の中のイメージだけでやることもあります。
するとと不思議と、なかから元気がムクムクと湧いてきて、自然と笑みがこぼれてしまうのですね。

…というわけで、あらゆるすべてを感謝と喜びに浸し、自身を自神とする「令和時代の六方拝」、あなたも始めてみませんか?

感情という贈りもの

感情とは、神の情―神情

生きるということは、毎日届けられる真っ白なキャンバスに、色とりどりの絵の具を使って、その都度加えられるライブアートを描いているようなもの。

絵の具の色と描かれるかたちは、「感情」の質と流れによって、リードされていきます。

実は私自身、もともとその感情の起伏があまりなく、ものすごく嬉しかったり、悲しかったりしても、「あー、そうなんだぁ」という感じで、昔から「感性は鋭いのに鈍感なんだね」とよく言われていました。

もちろん感じていないわけではなく、いろいろな感情はその都度湧き起こってはくるのですが、たいして気にならないというのか、「あー、この人（私）は、この事象に出会うと、こんな感情を抱くんだ。ふーん」といった気持ちで、かなり冷めた目で自分を見つめていたため、感情に翻弄《ほんろう》されるという体験をあまりすることなく、今にいたってしまいました。

けれども、世の中はまず感情ありきで動いていること、消費活動も恋愛も、人間関係も、根底にある動機や燃料が感情であったことに気づいた私は、感情についてもっとフォーカスしてみることにしたのです。

内なる叡智《えいち》と対話しながらわかったことは、感情とは素晴らしい贈りものにほかならないこと。

そして、感情とは、神の情—神情《かんじょう》とも言い換えることが出来、その真意は、大いなる意思が、あなたという分身、個我を使って、体験・感知することが出来る、貴重な情報エネルギーである、ということでした。

え？　ということは、怒りや苦しみ、憎しみといった感情も神の情ということ？と疑問に思いましたが、答えは即答でＹｅｓ。

どんな感情であれ、神聖なる一部であり、そこに一切の優劣、正否はないようです。なぜなら大いなる意思―神、天、宇宙の意志は、自ら創りし世界を、自らが内に入った分身を通して体験し、十全に味わうことで、さらなるアップデートを図ろうとしているからです。

ただ、さまざまな感情には、固有の周波数がともなっており、その意味での高低、粗密はあるとのこと。喜び、楽しさ、嬉しさ、愛、希望、信頼、思いやりといった感情は周波数が高く（精妙で）、嫉妬《しっと》、憎しみ、恐れ、不安、心配、怒りといった感情は、周波数が低い（粗い）ところに属しています。

こうして感情とは情報を搭載した周波数の波であり、つまり想念波《そうねんぱ》というエネルギーであるため、波動関数が収束すると、エネルギーは物質化し、現象となってあらわれるというわけです。

ネガティブな感情への対処法

なので、怒りや不安がいけない、というわけでは決してなく、それも神聖なる神のエネルギーの一部でありながらも、低い周波数帯に属しているため、結果として現象も、荒々しくなってしまうのです。

つまり、その感情を持ってはいけないということではなく、そのまま表してしまっては、あまり嬉しくはない現実を引き寄せることになるので、ちょっともったいないよね、ということになります。

そうしたネガティブな感情がわき起こってきたときの対策としては、無理して感情に蓋《ふた》をするのではなく、安全に発露《はつろ》させてあげたらどうかなと思っています。

具体的には、誰もいない安全な場所にいって、「ばかやろー」とか「なんなんだよ〜」とか、あまりよろしくない言葉を、対象物をイメージしながらしっかり吐き出してあげて、感情の解放を行ったり、あるいは、コピー用紙にびっちりと、それらの言葉を書き込む。

もしくは、こげ茶や黄土色のクレヨンで、気のすむまで直線や曲線を書きなぐる、ということをします。

そのあと、言葉で叫んだあとは、気持ちの良いカフェなどに出かけて気分転換した後に家に戻り、紙ならばびりびりに破って捨て、夜、ゆったりとお風呂に入ります。

その際、こうして感情を発露した自分自身を褒め、ねぎらうような気持ちで、よく頑張ったねー、偉いねー、あとはもう、大いなるものにすべてお返ししますので、あとはよろしく！　といって残りの感情（嬉しくないもの）を天に戻し、心がクリアーになったイメージをします。

それと同時に大いなる天の光が自己の内に入り込み、身体の内と外がピッカピカの真っ新な自己に戻ったというイメージを持ちながら、お風呂から出るのです。

水は情報伝達の優秀なツールであり、記憶保持と記憶解除の機能を持つ伝導体なので、このイメージワークをお風呂の中ですると、とても効果的なのです。

鬱屈《うっくつ》した感情がたまっている場合は、すぐには効果がないかもしれませんが、何度かやっているうちに、確実に変化が表れてきますので、ネガティブな感情に翻弄されそうになったときは、ぜひやってみてくださいね。

他に、どこでもいつでもやれるワークとして、「ゆるし」のワークがあります。

それは、気になる感情や想いがわき上がってきたときに使えるワークで、すぐに出来て、効果絶大！　というワークです。

せっかくなので、こちらもご紹介しておきますね。

ゆるしのワーク

①気になる感情や想い、出来事などを見つめ、その感情が湧き上がるのを、善悪の判断なしに、そのまま認め、感情が湧き上がること自体をゆるしていきます。イメージしながら心で（声に出してもＯＫ）いう言葉は「**ゆるします**」。

②次に、想いがたまっている心の場所を思い浮かべ、それがどんよりとしたかたまりとなって存在しているとイメージし、そのかたまりをハートから取り出す動作をして（これは実際に手を動かすとよいでしょう）、手で放り投げます。

その際、放り投げたかたまりは、大いなる意思にお返しし、持っていってもらうような感じで、「**ゆだねます**」と言います。（ゆだねる先は、大いなる意思です）

すると、たまっていた心の場所の負の荷物（かたまり）が消えて、空間がすっきりします。

③空になった空間を感じながら、こうして心の作業（ワーク）をしながら頑張っている自分に愛を送ります。言う言葉は「愛しています」。

なお、「**愛しています**」の前に、自分の名前を付けてあげて、何度か言葉を繰り返すと、空になったスペースが、ネガティブな感情のかたまりから、あたたかい愛のバイブレーションでいっぱいに満たされていきます。

こうした愛のバイブレーションに浸《ひた》されていることが、本来あるがままの姿であり、それ以外のものは、実のところ、すべて勘違いであり、錯覚だったのです！

これは、自分がいる場所や立ち位置、人間関係などで違和感を感じるときにも、すぐに使え、一瞬で、見える世界が変わる＝時空が変わる。

よって起こる出来事や関係性も変わってしまう、というワークでもあるので、必要な時にお役立てくださいね。

さて、あらゆる感情を贈りものとしてとらえること。決して戦うのではなく、まるごと認めてしまうこと。

その上で、要らない感情は手放し、解放させ、天にお返ししてしまい、欲しい感情だけ自分の中に留めおくことに、決める。

こうして嬉しい感情、高周波の感情をたっぷりと味わい、楽しみ、それに感応する物質化の世界―現象が表れるのを面白がりながら、ますます充実した心豊かな世界をクリエイトしていくといいかなぁと思います。

たまに、スポット的に、ビックリ、ガビーン！　の現実も来たりしますが、そんな時はご愛敬《あいきょう》で、あなたが描くライブアートに、さらなる深みといろどりが加わり、名作を創っている最中なんだととらえて、進んでいきましょうね。

志《こころざし》と物理法則

人間の身体は電磁気体

いきなりなのですが、あなたは「オームの法則」を覚えていますか？ 中学時代、理科で習ったであろう、V＝IRで表される、電圧と電流、抵抗の関係についての法則です。

ちなみにVとは電圧で単位はボルト、Iは電流で単位はアンペア、Rは抵抗で単位はオーム、というもの。かつての記憶をよみがえらせてみた時、ヴィイコールアイアール、ヴィイコールアイアール…、と唱えながらテスト前に覚えた記憶、ありませんか？ もっとも今は覚え方として、V（バレンタイン）＝（は）、I（愛）がR（アール）って覚えるんですって。このほうがロマンチックですね。

突然、理科のお話になってしまって申し訳ないのですが、私は以前から、物理化学の分野が大好きで、読書もそういった傾向の本を、趣味としてよく読んでいるんですね。

その中で、ある時、あれ？　この法則って人間の意識と、深く関係しているんじゃないかな？　と思ったのが、このオームの法則だったんです。

なぜなら、私たち人間は、脳波や心電図などもとれるように、電気と磁気を持つ、電磁気体としての身体を持っているからです。

別な表現でいうと、充電された水（体液、血液、リンパ）が染《し》み込んでいる電波と磁場を持つ身体、ということになります。

そんな私たちは、想いという想念波《そうねんぱ》―意識の振動を発し、言葉という電磁気の波―電波、光波などを飛ばし、行動をもって、自分という量子のかたまりが持つ、振る舞いの様子と結果が見えるようになっています。
理屈っぽくてごめんなさい！　でもまだまだいきます（笑）。

さて、オームの法則をごく簡単に説明すると、電流は加えた電圧に比例し、抵抗に反比例するという性質（法則性）を持っています。
さらに加えると、同じ電圧（ボルト数）であれば、抵抗が少ないと電流は多く流れることができるし、逆に抵抗が大きいと、電流は少なく流れていきます。このように、抵抗の度合いが電流の流れに関係しているということは、少しイメージしただけで、感覚的に掴めると思います。

電気は抵抗が少ないとスムーズに流れる

というわけで、ここからが本題なのですが、このオームの法則を人の行動におきかえてみると、まず電圧（V）とは、想いのこと。動機とか願い、志、欲求と呼び変えてもいいと思います。

具体的には、その人が思う想いの強さ、深さ、広さを含んでいるので、この想いというのは、意識の高さと言ってもよいでしょう。

次に抵抗（Ω）ですが、こちらは想いは想いでも、心の抵抗値、ストッパーとして作用する想いのあり方です。

どんな想い（感情）かというと、疑いや不安、心配、自信のなさ、世間体、過去のトラウマ…といった、進みだそうと思う自分の心に、ブレーキをかけてしまう意識のあり方のことです。

そして、最後の電流（A）が、行動です。さらに言うと、行動には質と量が関係していて、善き行動から悪しき行動まで、また、〃たくさん動く〃から〃あまり動かない〃まで質も量もバラエティに富む、ということです。

ではこの考え方を、実際の暮らしに置き換えて考えてみたいと思います。

ケース1

1　A子さんは、コーヒーが飲みたくなりました。＝〜したいという欲求、想いが生まれた。想いという「電圧」発生。

2　今、飲みたいからカフェにいこう。＝「抵抗」の想いはほぼ生まれず。

3　カフェまで出かけていく。＝実際にカフェまで行く行動が「電流」。

4　やっぱり、ここのコーヒーは美味しいなぁ♪＝電気（灯り）がつく、結果が生まれる。

次にこの場合だったらどうでしょう？

ケース2

1　A子さんは、将来、ある仕事を始めたいと思っています。＝想いの電圧発生。

2　けれども、それをするにはお金や時間もかかり、今の自分には無理なんじゃないかと思っています。もっとも才能もないかもしれないし…＝想いの抵抗値大。

3　やってはみたいけれど、無理かもしれないと思うと、なかなか一歩が踏み出せない、うーん。＝行動の電流少なし。

4　結果は生まれず。＝灯りがつかない。

では、この場合は？

ケース3

1　A子さんは、やりたい夢があります。その夢が叶ったら、自分だけではなく、まわりも、社会も喜んでくれることなので、実現させたいと願っています。

＝高い電圧が生まれる。

2　それは叶えるのに容易なことではないことを知っています。けれども、それをやり遂げることは、とても必要なことだと思うので、あきらめたくはありません。遅々とした歩みであっても、進んでいこうと思う。＝想いの抵抗少なし。

3　出来ることから始めている。やりながら進んでいく。その都度、最適解を見つけながら、新しい展開が開けていくようだ。＝大きな電流が流れる。

4　結果がともなっていく。＝灯りがつく。

このように、電圧（想い）が高くて、抵抗（心の抵抗）が少ない状態だと、電流（行動）もスムーズになり、どんどん動けるようになるため、結果もともないやすくなります。

何が言いたいのかというと、何かを決めて動くときは、まず、心の抵抗値、マインドブロックになっているものや、ブレーキになっている要素をなるべく減らせるように、自らの心に気づいていく、ということが肝要であるということ。

宇宙の意識に合致した想いは共鳴する

次に、想いや願い、志といった意志の発動に関わるところの質の高さ、バイブレーションの高さが、実際の行動次元にも大きな影響を与えている、ということです。

加えて、高い志をもって動いている人は、それに感応する多くの人たちが控えているので、共鳴する同志たちの応援を受けやすい、という共振共鳴が起こり、ますます大きな力となる、ということなのです。

やはり、大切なのは「何を想うか」という最初の一歩であり、その想いの次元が、今だけここだけ自分だけといった我欲中心の発動ではなく、今だけではなく未来も、ここだけではなく、あっちもこっちもいたるところに、自分だけではなく、他の人も皆もといった、個我を超えた大我の世界、大欲の世界をもって、誇り高く生きることのほうが、結果として、周りや宇宙からの応援も入りやすく、自分が思っていた以上の世界に導かれていく、ということになるのだと思います。

なぜ応援が入りやすいかというと、高い意識を持つことが宇宙の法則性に合致しているからだけではなく、電流（行動するということ）を走らすことで、磁場が生まれるため、結果としてその磁場、磁界は、その人が抱いた想いの質と行動に見合った意識の場（電界と磁界で覆われた意識フィールド）が形成され、その中に、必要なモノ（お金や場所、資材他）やコト、ヒトがひきつけられていくんだろうなと考えています。

なので、高い精神性を持ち、心の抵抗値をなるべく少なくし、動いていく。動くとまた風景も変わり、応援もどんどん入ってくるので、余計な心配をせずに、より高い精神性を保持できるよう、人格陶治《とうや》に努めながら邁進《まいしん》していく。そんな繰り返しなのではないかと思っています。

余談ですが、最初の発動である電圧の部分―想いの質についてですが、その想いが、内から発動されるものであれば、内部電源からエネルギー補給をしているため、ずーっと発電されていきます。

けれども、想いの動機である、～したい、こうありたいの部分が、「褒《ほ》められたい」、「認められたい」、「負けたくない」…といった何か外に対象物があって、それに評価されるべく動いている場合は、残念ながら想いの質は高くありません。

なぜなら、内ではなく、外に電源を持ってしまっているからです。いうなれば、外の建物内にある電源プラグに、コンセントを差し込んでしまっているようなもの。もし、その建物が崩れたり、停電になったり、営業時間が終わってシャッターが下りてしまったら、電源を差し込むことさえできません。

なのでやはり、内なる発動—内部電源からの想いがとても大切なのだと思います。
自分の内からふつふつと湧き上がってくる想い、世間体や評価のために生きるのではなく、正直で真っ新な自己が、こうだったら私は嬉しい、こうしてみたいな、と感じる心—〝いのち〟がやりたかった想いと共振して、我という心と身体を使ってあげるのが、最高の応援団をいただいていることになるのだと感じています。

コラム　パラレルワールド

最近、徐々に、耳にすることが多くなったパラレルワールドについて、私なりの考察をお伝えしたいと思います。

まず、一般的にスピリチュアルな世界で、共通の認識となっている考え方があります。それは現在の三次元的世界から五次元な世界へと移行するというものです。

その意味するところは、今まで慣れ親しんできた、分離意識が中心となる物質的な価値観中心の地球から、統合意識（ワンネスの意識）を中心とする、物質の縛りがそれほど強くない五次元的地球へと移行していく、というものです。

この一連のシフトを、アセンション（次元上昇）と呼びます。

私自身の感じ方としても、ほぼそうであろうととらえていますが、ここで特筆すべきは、すべての人たちがその地球を選択するというわけではなく、それぞれの人がそれぞれの振動数に見合ったパラレルアース（並行宇宙にある地球）に移行していく、ということもアセンションの中には含まれていると思います。

とはいえ、どちらがいいとか、あるいは上や下といった見方をすること自体が、物質的な価値観に囚われているという証でもあるため、その感性自体が陳腐《ちんぷ》であると感じています。つまり、遅かれ早かれ、いずれは大いなる進化成長の中で歩んでいく道であるからです。

現在、すでにそうした一連の流れは始まっています。

つまり二極化、多極化に向かって、それぞれの現実が分かれ、その振動数の現実がリアリティをましていく、というものです。

たとえるなら、同じ駅にいてもぶつかることなくそれぞれのホームに向かって歩いていき、やがて自身が決めた電車にのっていくようなもの。
そんな分岐する宇宙の中で、再び出会う人もいれば、ずっと一緒の人もいる、それとは逆に、いつのまにか記憶の中から消えてしまったりする人もいるだろうな、とみています。

とはいえ、人はもともと多層にわたる現実を持つ、多次元の存在でもあるため、現在の自分がそのまま、未来と呼べる時空にいるわけではなく、同じ自分の中でも別振動の自己（これをパラレルセルフと呼びます）がいて、それらの中の、どのバージョンの自己と共鳴するかで、見える（現れる）現実が異なっていきます。

よって、それは自分だけではなく、他者も同じように適用するため、同じ人の同じ人格、気質、性質をもった人がそのまま、違う時空（パラレルワールド）に存在しているというわけでは決してないのです。

なので、あなたが異なるパラレルワールドに移行して、存在の中心をその時空間においた時、そこに現れる身近な人の性格や性質が変わっていたとしても、何ら不思議はありません。

私たちは、実のところ、毎瞬毎瞬、ちょっとずつ異なるパラレルワールドを選択して生きています。

とはいえ、それにほとんど気づくことはありません。

なぜなら、脳のシステムが、そうされているからです。実際は、脳が、整合性のある一つのストーリーとして組み立てながら、一つひとつの並行世界をパッチワークのようにつなぎ合わせて、納得のいく時系列として組み立てられていきます。

しかしながら、一気に周波数が異なる時空間を選択して、量子的飛躍（クォンタムジャンプ）を果たしてしまった時は、さすがに「あれ？　なんか変だな」とか「え？　ちょっと記憶と違う気がする」など、違和感を感じるようになります。

つまり、「奇妙さ」が残る現実を体感することになります。

つい先日も友人が、車を運転していて、明らかにぶつかったはずなのに、ハッと気がつくと、普通に運転を続けていたと、驚きの連絡がきました。

他にも、失くしたものが、突然ひょっこり出てくるなどのお話はよく聞きます。

こうした例も、別時空の現実を選択した、パラレルワールドの一種ととらえてよいでしょう。

現在、私たちが住む地球自身の振動数がどんどん上がってきているため、このようなパラレルワールド的な時空を体験をする人も多く、今後それはますます加速していくものと思われます。

何かになるとか、何かをする、叶える、といった直線的な時空だけではなく、すでになっている、している、叶えた先にいる自己が、同時に存在しているという分岐する宇宙が、パラレルワールドという世界です。

どの可能性も同時存在している世界を、現し、選んでいるのは、自分自身の意図とフォーカス、バイブレーション（固有振動）、そして自身が肉体に入る前にざっくりと決めてきた青写真（ブループリント）の影響によるものです。

言い換えるなら、私たちは、いつだって、自らの意図とものの見方、意識のあり方を変えることにより固有振動を変え、魂の青写真でさえも、他のバージョンを出しながら、変容を遂げることが出来るのだ、ということです。

パラレルワールドを華麗にジャンプしながら、パラレルシフトを果たしていく。

そしてあなた自身が最も望む存在の在り方と一致する、パラレルワールドへと移行していく。すべての可能性領域の顕現が、この刹那の中に畳み込まれています。

さて、あなたの意図が選ぶのはどんなパラレルワールド（現実）ですか？
どんなありかたで、どう生きることを意図しますか？

第三章

美《うま》し国に生まれて

「アマテラス」油彩 ©Miyuki H

黄金比と大和比《やまとひ》

神様が創った比率

ヨーロッパやアジアなどの観光地にあるお土産屋さんに行くと、たまに店員さんから声をかけられることがあります。

相手が日本人だとわかったときに言われる言葉―それは、「カワイイ、カワイイよ～」です。

この言葉を聴くたびに、(確かになぁ…この言葉、モノを選ぶときによく言っているけれど、ちょっと子どもっぽいよなぁ)と心の中で苦笑しながら、気に入ったものを見つけると、やはり私も同じ言葉をつぶやいていています(笑)。

一般的に、日本人は「かわいいもの」好きで、西洋人は「かっこいいもの」好きと言われています。

アニメなどのキャラクターなどを見ても、なるほどという感じで、たとえば、アンパンマンやドラえもん、キティちゃんは「かわいい」し、スーパーマンやスパイダーマンは「かっこいい」の部類に分類されますよね。

実は、このようにとらえる感性の奥には、神様が設定した長さの比率—黄金比と大和比（白銀比）がしたためられていたのです。

黄金比は約5：8の比率で、大和比は約5：7です。

名刺やクレジットカードと、コピー用紙の縦横の割合、と考えてもらったらよいでしょう。

例としては、黄金比として有名なのが、ミロのビーナスやモナ・リザ、パルテノン神殿など。この比率のことを、レオナルド・ダ・ヴィンチの時代では神聖比

(Divine Proportion) と呼び、尊んでいたそうです。

ちなみにダ・ヴィンチが描いた人体の絵―ウィトルウィウス的人体図にも黄金比が潜んでいるとのこと。

また、人間の身体も頭頂からおへそまでと、おへそから足底までの比率も黄金比で出来ていて、生命の成長に関係するフィボナッチ数列とも一致しています。

黄金比である1：1.618の比率は、オウム貝の螺旋《らせん》や、ひまわりの種の配列、銀河の渦巻きにも含まれていて、フィボナッチ数列と比例していくんですね。まさに神が創りし聖なる比率でもあるのです。

一方、大和比（白銀比）である1：1.414（1：$\sqrt{2}$）の比率は、法隆寺の五重塔の下の屋根と上の屋根の割合とか、大工さんがかつて、よく使っていたL字型の曲尺《かねじゃく》、前述のドラえもんやアンパンマンの縦横の比率も大和比です。

ちなみに、キティちゃんは、顔の縦横の比率が大和比なんですね。

もともと、この大和比は、木造建築が多い日本において、丸太を無駄なく使いきるための比率（正方形の一辺と対角にあたる直線の比率）でもあります。

それぞれに与えられたイノチ（ここでは木）を生かしきる視点―「**もったいない**」が原点にある比率ともいえます。

「おとひめカード」での不思議な経験

私自身、この比率について深く考えさせられる、ちょっとした事件が起こったことがあります。

それは、平成26（２０１４）年に「おとひめカード」という、五十音カードを出版する際のことです。

このカードは、日本語一音一音が持っている音素の特徴（つまり言霊《ことだま》のこと）を、イメージ言語と絵画で表したものなのですが、直観で描いた原画は、大和比に近い比率で描いていたのですね。

けれども実際に、カード化に向けてプロジェクトを進めていく段になって、他のオラクルカードを調べてみると、皆、黄金比で出来ていたので、「カードとはそういうものなんだな」と想い、おとひめカードもその比率に倣《なら》い、制作を進めていたのでした。そうしていよいよ、入稿直前となった晩、私は夢の中で、叱られてしまったのです。お怒りになった方は…なんと、日の本の神様。

夢うつつの中で、突然、にこりともしない神様の姿がお出ましになり、

「おまえは、なんたることをしているのか？　日の本のおふだを出すのに、西洋のかたちで出すとは、なにごとぞ」

と、静かながらもきっぱりとした口調で、たしなめられました。その途端、ガツンという衝撃が、脳天に響いたのです。

「ひゃっ！　ご、ごめんなさい！」

私は咄嗟《とっさ》に声を上げ、その出した自分の声に驚いて目を覚ましました。

まだ心臓はバクバクしたままです。

少ししてから夢の内容を想い出してゾッとしました。

(…えっ、私、何やらかしちゃったんだろう?)

心の中に意識を向けると、ほどなく、最初に描いた時の比率と、実際のカードの比率が異なっていることがいけなかったんだ！　という閃《ひらめ》きがやってきました。

まだその時は、黄金比以外の比率について知らなかったので、なぜ、神様が夢にまで現れて、怒ったのかがわかりませんでした。

けれども、実際に描いたサイズを測って比率を調べたところ、「大和比」という比率だったことがわかり、

「ああ、これから出すカードは、日本語のカードだから、大和という言葉がついていてほしかったのかな?」というぐらいにとらえていました。

とはいえ、ほぼ完成間近だったものを、基本設定から変えないといけなくなったので、周りには苦労をかけてしまいました。

けれども、プロ意識の高いプロジェクトチームの華麗なる連係プレイで、玉手箱を模した箱から解説書の書籍、カードなど、すべて一新され、黄金比だった仕様は、大和比へと変わり、完成にいたったという経緯がありました。

今振り返ってみると、この一見、失敗とも思えるプロセス自体の中に、ハッとする未来の種が含まれていたように思えてなりません。

見えない世界は主に大和比が受け持つ

それは見える世界と、見えない世界の関係性を感じることから始まります。

自然界の中において、黄金比は、主に目に見える世界を担い、動的で、進化と成長を司《つかさど》っています。

一方、大和比は、主に目に見えない世界を担い、静的で、調和と安定を司っています。

たとえば自然界で表れる大和比として、水晶やダイヤモンドなどの鉱物の結晶角度など、人体では大脳皮質のコラム構造や小腸の絨毛突起、肝臓の細胞、血液中のヘモグロビンなどが相当しています。

このように、目に見える世界は、装飾的で華美な「かっこいい」黄金比が受け持っているけれど、それらの底支えとなっている見えない世界は、実用的でシンプルな「かわいい」世界の比率――安定・安心、調和の大和比が受け持っていたということでもあります（注：蜂の巣など、表に現れている大和比もあるので、二極にきっちり分けてしまうことは早計です）。

これらの性質を知ったとき、（ああ、そういうことだったのか）と合点がいきました。

つまり、「大和比」を抱く国――日本という国が持つ本質的役割は、目に見えない世界を担う国――「ひ」という精神原理を大事にする国だったんだな、と思ったのです。

だからこそ、日本文化の粋《すい》である日本語のカードを世に出そうとした時、どうしても譲ることはできない必然として、大和比での形をもって、示さなくてはいけなかったんだなと思いました。

「にほん」という音が持つ意味

そこからさらに思考を重ねると、いろいろなことが見えてきました。

それは、今後、日本が世界をリードする時代が来ると、よく言われる言葉ではありますが、この意味するところは、何も声高にリーダーシップを取り、ガンガン行くというよりも、すでに宿っている、日本人が持つ精神性――自然の一部として、あらゆる全てとの調和を図りながら、和合進展しようとする姿――を、実践を通して示してしまう、ということなのかなと思います。

今までの時代は、目に見えるものに価値を重んじる、物質中心の世界でした。

この世界観は、主に近代合理主義を中心とした西洋が担当してくれました。たとえると、ドーナツ型の実の部分（食べられるところ）を、しっかりと育ててくれていたのです。

時満ちて、やっと、ドーナツの穴の開いた部分、中心核となる見えない部分が醸《じょう》成《せい》されてきたのだと思います。

形でいえば、ドーナツからリンゴになり、その種の部分にフォーカスが当たるようになってきた、という感じです。

この部位を、天の経綸《けいりん》として担っていた国が、東洋の端に位置する「にほん」だったのです。

ちなみに「にほん」の「に」が持つ音素（表意文字）の意味は、核なる場所に集まっているものが、煮詰まり煮えて、醸成される、という意味あいを持ちます。

また、「ひのもと」の「ひ」のほうは、「いのち・霊・日・火・エネルギー」のほかに、広がって外側が充実していく、という意味合いも持っています。

ということは、「ひ」のもと＝外側が、大きく張り詰めながら充実しているさま（現代の日本のようでもありますね）を持つ、もとの先には、「に」ほん＝内側が、熟成され、しっかり煮詰まり育っている実体があり、それがポン！と出てくるんだよ、というとらえ方も出来るのですね。

こうして外は内に、内は外に、縦横無尽《じゅうおうむじん》に広がりながら、同じ実相・実体である「ひ」の世界─躍動するイノチ（霊）、精神が、黙々《もくもく》と醸成されていったのではないかとも思います。

もっとも、戦後の日本人は、西洋に追いつけ追い越せということで、その精神性なるものが置き去りにされている感もありますが、世界一古い文明を持つこの国の精神の灯りは、そうそう簡単に消せるものではないでしょう。

たとえ表面は忘れてしまったとしても、習俗・習慣の中に、言葉の中に、そして遺伝子の中に、脈々と受け継がれているものと思います。

むしろ、長きにわたり、西洋文明という、「ひ」を表に出さなくても済む、鞘《さや》があったことで、「ひ」であるいのちは、安心して「煮詰まる」ことが出来たのではないかとも感じています。

西洋と東洋の大いなるコラボ

つまり、今後においては、物質優位から精神優位へと時代の風向きが移行するだけではなく、その精神の自覚体となった日本人が育っていくことで、物質に精神がしみ込んだ、精神の精妙《せいみょう》さを受けた物質とそのあり方に向かって、私たちは邁進《まいしん》することになるであろうということです。

この直覚を後押ししたのが、ＤＮＡの螺旋《らせん》構造の仕組みです。

生命の基本設計図であるDNAの中には、なんと黄金比と白銀比が、仲良くコラボレーションしていたのです。

黄金比が表れているのは、DNAのひと巻の長さと直径の比率で、大和比のほうは、二重らせんの中にある一部の分子構造―不斉炭素原子《ふせいたんそげんし》の中に表れています。

なんだぁ、そういうことだったのかぁ。私たちは、オギャーと生まれる前から、すでに大いなるコラボレーションが為されていて、その結果としての自分がいるんだなぁ…と思わず呟《つぶや》いてしまいました。

見える世界と見えない世界、精神と物質、右脳と左脳、心と身体、科学とスピリチュアリティ、男と女、陰と陽、…この世界で知覚することのできる、さまざまな二元性の表れは、決して二極対立、分離・分裂として表されているものではなく、生命の基本設計図の段階から、すでに仲睦《なかむつ》まじく協力し合い、それぞれの資質を保ちながら、互いを支え合っていたのでした。

それはあたかも車の両輪のよう。どちらかが凄《すご》いというわけでもなく、どちらも大切で尊いものであるということ。

だからこそ、それぞれに与えられた資質と個性を最大限生かしていくことが、全体として、さらに栄えていくことなのだ、ということを確信したのです。

このことを文明に置き換えて考えてみました。

そうすると、こんな気持ちが湧いてきました。


「西洋文明さん、長い間、真ん中が不在のまま、外を作り、支えてくれてありがとう。でももう大丈夫だからね。これからはちゃんと東洋文明の中の、ミナカ（御中）役である「日本」さんも立ち上がって、種を膨《ふく》らまし、一緒に花を咲かせるように努力していくからね。

だからもう少し待ってて。これからひのもとの国の人が、どんどん目覚めてしまうことになるから、一緒に素晴らしい世界をつくろうね」

さて、かっこいい黄金比とかわいい大和比が織りなす世界は、最初から生命の設計図に織り込まれてあり、生命誕生の瞬間から、すでに私たちは、調和の中にあり、その調和に抱かれながら育まれていたという「事実」。
この動かぬ証拠を内奥に抱き、私たちは、今、ここを生き、生かされていたということです。

生かされるイノチであるからこそ、他を生かすイノチでありたい。
大和の心を内に抱き、黄金の螺旋をのびやかに、駆け抜けていきましょうね。

日本語という宝

奥の深い日本語

幼いころ、母によく日本の昔話を読んでもらっていました。

桃太郎にかちかち山、浦島太郎にかぐや姫…特に、乙姫様とかぐや姫が出てくる姫物語はお気に入りで、お月様から、本当に使者がやってくるんだと思っていました。

成長するにつれて、さすがにそうは思わなくなりましたが（笑）、その代わりに、百人一首や源氏物語、枕草子、万葉集といった世界に夢中になりました。しだいにそれだけでは物足りず、伊勢物語や更級日記《さらしなにっき》、とりかえばや物語など、とっつきやすそうなお話を片っ端から読みながらうっとりしていました。

しかもそれを一生懸命読んでいた時期は、本当は、そんな時間のゆとりなどない、子育ての真っ最中の時。

なぜこんなに惹かれるのか不思議だったのですが、今思えば三つの理由があったんだろうなと思います。

一つめは、今とは違う、ゆったりとした時の流れがしたためられていること。

二つめは、時を経ても変わらないものと、変わるものの違いを知りたかったこと。

三つめは、日本語の美しさと、そこから醸《かも》し出される情緒が、何とも言えず素敵だったこと。

特に、日本語の大和言葉の美しさは絶妙で、読むだけで、しっとりと柔らかな情感に包まれる気がします。

おそらく、子育て中に夢中になった理由は、現実が、しっとりと柔らかな…という世界とは真逆で、かつ、時間に追われてガツガツしていたからだと思います。

ちょうど、そのころからでしょうか。

私は日本語という言語が持つ特性に興味を覚え、言語学や音声学、歴史、国学、文化論などの本を読みあさるようになりました。

知れば知るほど奥深い、日本語という世界。この世界を追求していくことは、おそらく生涯の趣味になるんだろうなと思います。


さて、日本語という我が国特有の言語は、日本人が所有するもっとも古い文化であり、今もなお現存して活用されているという、生きた文化そのものでもあります。

着物、茶道、和食、禅、浮世絵…、日本の文化と聞いて浮かぶものはたくさんありますが、国民への浸透度と歴史をかんがみると、日本語に勝るものはありません。


この日本語、どこから来たのかというと、実はまだわかっていないんですね。

系統不明な独立した言語、といわれています。

日本語の表記には、ご存じの通り、ひらがな、カタカナ、漢字、ローマ字…など、たくさんの種類があり、さらには漢字に音読みと訓読みが加わるので、外国人が日本語を習得するには、最強難易度に属する言語なのだとか。

その言語を自在に操ることのできる私たちは、実はとてもすごい存在なのかもしれませんね。

ちなみに、「外国語習得ランキング」（アメリカ国務省の調査）においては、世界中で一番、習得するのが難しい言語として、堂々の一位を取ってしまったそうで…、しかも同じ難易度となる言語は他には存在していないという、オンリーワンのお墨付きまでいただいているんです。

理由としては、

1．漢字に音読みと訓読みがあること。
2．必須語彙《ごい》数が多すぎる。
3．主語が省略されていて記述が曖昧である。
4．オノマトペ（擬音語・擬態語）が多い。
5．方言が多い。

からなんですって。ふーむ、なるほど、ですよね。

人々を穏やかにする言語

私の周りには、日本語を話すことのできる外国の友人が何人かいるのですが（すごく優秀だったのですね！）、彼女たちは「母国語を話すときと、日本語を話すときは、なぜか性格が変わるのよねー」と言います。

どんなふうに変わるのかというと、声も穏やかになり、優しい雰囲気になるそうです。確かに、私も英語やイタリア語（まだ初心者ですが）を話すときは、はっきりと自己主張する人になり、日本語に戻ると、まったりとした人になる気がします。

この日本語、かつては主語が曖昧で、明瞭さに欠けていることが、他の言語より劣っているのかと思い、なんだか嫌だなぁと思った時期もあったのですが、よくよく調べていくうちに、むしろ、全く逆であることに気づきました。

主語がなくても通じる、ということは、主語がなくても通じるほどに、共通理解がある、ということでもあるからです。

さらに言えば、見えない主語が存在していて、それが、通常は意識されることがないので、結果として主語は無しになってしまうんだなと思いました。

ではその見えない主語とは誰か？

それは天であり、カミであり、大いなる尊きものという感覚です。

神といっても西洋的なＧＯＤではなく、古代の人々が、目には見えない不思議な力、森羅万象を繰り広げていく、尊き奇《く》しき力のことを「カミ」と呼んで敬ってきたのですが、そのカミ（神）が、見えない主語となって成立している言葉が、日本語になっていったのだと考えています。

そこには、いにしえの人たちが、その尊き見えない力によって、自分たちも生まれていること、つまり、自分たちも元をただせば「カミ」であり、その「カミ」の大いなる力を分け抱いた分身、分けミタマであると考えていたのだと思われます。

そう考えると、私とかあなた、誰、彼と、はっきりと、明確に区別して、違いを浮き上がらせることにフォーカスせずとも、もとは一緒の「カミ」から生まれた同胞、同志なんだからと、見えない同じを共有する感覚があるからこそ、主語を明確にしない文化（言語）が育っていったのではないかなと思っています。

神の世界を受け継ぐ日本語

古来からの日本語は、大和言葉《やまとことば》という訓読みの日本語の中に表れるのですが、たとえば日常生活の中でよく使う言葉である「すみません」という大和言葉は、「ス」と呼ばれる根源のもの―「カミ」なるものに対して、まだ済んでいない、借りがありますよ、という意味で「すみません」になっていると考えます。

また、「おかげさまで」という言葉も、何の影（蔭）なのかというと、その根底には、見えない大きな力によって生かされています、ありがとうございます、という想いの省略版になります。

ちなみに、太陽は「おひさま」で、その光を受け取って輝いているのが「お月様」ですよね。ということは、お月様が輝いているのは、太陽のおかげであり、「おかげさま」でもあるのです。

おひさまの「ひ」というのは、根源、尊いもの、いのちのもと、カミという意味でもあるので、私たちはそんな「ひ」の恵みを受けながら、「ひ」のおかげさまで生きてきたんだなと思うのです。

たとえ、「いや、そうじゃなくて、誰々のおかげなんです」と思ったのだとしても、その誰かを遣わしてくれたご縁の先には、すべてとつながるいのちの尊き世界―「ひ」が運んでくれたものであるという、見えない共通認識があるのではないでしょうか。

そういえば私たち人間の大和言葉は「ひと」です。「ひ」（霊）を止めるもの、「ひ」が留まっているものが、人（霊止・霊留）だったんですね。

日本語使いであるということは、知らず知らずのうちに、古代人が直覚していた世界観――大いなる意識、カミの世界、「ひ」の世界が、自分とあなたとすべての事象をつくっているんですよということを、連綿と受け継ぎ、今にいたっていたということでもあるのです。

自然のありようを、あるがままにとらえて、それを音として表し日本語のもとを創っていった、遥《はる》か昔、いにしえの人々。

太陽と先祖、自然を敬いながら、素直に素朴に生きた彼らの感性が織り込まれている日本語を、これからも喜びをもって使いたいと思う今日このごろです。

母音に包まれる国

母音で終わる言語

まだまだ日本語の話は続きます。

今度は、母音の話。日本語は、ほぼすべての音が母音をともなって終わる開音節という言語体系を持っています。

反対に、英語などは閉音節といって、子音で終わる言語体系です。

なぜ、母音で終わる言語なのかというと、一説に海洋民族だったからともいわれています。というのは、海で「あそこに魚がいる！」などと、隣の小舟に伝えたいのであれば、子音で終わる、あるいは子音ばかりが連なる言語だと、伝わりにくいのです。

けれども、母音を加えてはっきりと発声することで、離れていても聞き取ることができますよね。

逆に、陸地で狩猟を主とする民族は、「あそこに獲物がいる！」ということを、母音のある言語で伝えてしまっては、音が明瞭すぎて、その間に獲物が逃げてしまうかもしれません。その場合は、子音で囁《ささや》くように伝えた方が、獲物を捕らえやすいことでしょう。

というわけで、はるか昔、狩猟よりも漁撈採集中心だった日本の人々の言語が、母音中心で発達したのではといわれています。

日本語は、タとか、ツとか、サとかの子音を語っても、終わりはすべて母音です。どの音を出そうが、母の音によって包まれてしまうこの日本語の感性が、私には何でも包み込み、受け入れ、さらにそれをもっと良い形にして改善改良してしまう、日本らしさの表れの原点である気がしてならないのです。

日本は女性性の国であるといわれていますが、こうして母音の「おくるみ」で、子どもの音を包み込み、それを重ねて言葉が出来ている国であることも関係しているように思うのです。

五十音図を見直す

さて、この母音―あいうえおと、半母音―わゐうゑをの間に挟まれて子音がきっちりと整列している図のことを何というか、すぐにわかりますよね。

そう、五十音図です。私たちが小学校入学時にならった、あの図表です。

実はこの五十音図こそが、新時代を開く鍵となるものだったのです！

五十音図の正体、それは、見えない世界（精神、エネルギー）が、見える世界（物質）になっていく仕組みを表した図であった、ということなのです。

言い換えれば、波動性と粒子性の関係性を表す図ともいえます。

いきなりそういうと、はぁ？　何言っているの？　と思われるかもしれませんが、趣味の日本語研究を長らく続けていて、辿り着いた結論が、こうなりました。

つまり、日本語の五十音とは、私たちの脳内で生まれた概念―それは言葉をもって認識していくわけですが、その認知された概念が、口中を伝って言葉となり、音波や電波、電磁波となって三次元下に広がり、現象化の元を生み出し、やがて実体となる（現象化していく）ということです。

聖書には、はじめに言葉ありきと書かれていますが、まさしくそうだったのですね。

その、言葉を構成する元となる音というのは、言い換えると固有の振動を持つ周波数であり、それぞれ独自の波形・波長・振幅を有しています。

それがきっちりと整理された形でまとめられているのが、五十音であり、音それぞれに、異なる性質と得意分野を持っている、ということです。

このうち、母音である五音が見えない世界（精神）の部分であり、半母音である五音が、見える世界（物質）を担っています。

その間にある子音が、どのように展開されるかで、現象化の表われ方も変わってきてしまうのです。

これは「言霊学」という考え方から来ているものなのですが、私はそれを物理に置き換えて考えないと納得できなかったので、知人の理論物理学者と一緒に、謎解きを始めることにしました。

すると、五十音の産まれた順序と性質が、最新の物理学である超弦理論《ちょうげんりろん》の次元や、素粒子との関連において、驚くほどの一致を見ることがわかりました。

言葉の一つひとつにおられる神様

本書では、詳しく言及しませんが、言葉の元となる音とは、音波という波動を持つ振動のこと、つまり周波数であり、その周波数のもとには、素粒子のふるまいが関与しています。

言葉の持つエネルギー（言霊といいます）には、固有の周波数があり、特定の素粒子（量子）が、それぞれに関わり合っていて、法則性にそって、きっちりと並べられています。それが五十音表だったのです。まるで元素表のように。

この五十音が何を伝えているのかというと、人間という存在が、いかにして、抱いた想い（精神）を、物質化・現象化させていくかの仕組みを描いた、精神原理の仕組み表だったのですね。


しかも古代の人たちは、その音一つひとつに神名を当てはめ、敬意をもって接していました。

ですので、仮名という、仮の名は、神名（かな・しんめい）のことでもあったのです。

そう考えると、私たちが日ごろ使っている音の連なり―言葉は、驚くほどたくさんの神様を召喚《しょうかん》していた、ということでもあったのですね。

おしゃべりさん、万歳！（笑）

私はこのことを知ったときに、あまりの驚きで、クラクラしてしまいました。

もちろん、天にも、また、森羅万象《しんらばんしょう》の中にも神様がおられることは知っていたし、内にも神があることも知っていました。

けれども、語る言葉、音の一つひとつが、神様だったとは思ってもいなかったのです。

五十音に対応する神様の名は、いずれ詳しくご紹介させていただきたいと思っていますが、本書では、五十音の中でももっとも大切な音（言霊）である、スーパーヒーローの神様たち―五母音の音をして表されている神様を記しておきますね。

母音　あ　高御産巣日神《タカミムスビノカミ》
　　　い　伊邪那岐神《イザナギノカミ》
　　　う　天之御中主神《アメノミナカヌシノカミ》・須佐之男命《スサノオノミコト》
　　　え　国之常立神《クニノトコタチノカミ》・天照大御神《アマテラスオオミカミ》
　　　お　天之常立神《アメノトコタチノカミ》・月読命《ツクヨミノミコト》

実は他にも、この母音を担っている神様名があるのですが、ここでは皆が良く知っている名の、代表的な神様だけにとどめておくことにします。

さらに、この、それぞれの母音として表されている可聴域の音（20～2万Hzとして人間の耳に聞こえる音）は、自然界を構成する四つの力であるゲージ粒子（重力・強い力・弱い力・電磁気力）とも関連しているため、全て母音で終わる言語を話しているということは、現象化、現実化として作用する力も絶大である、ということだったようです。

さすが〝言霊のさきわう国〟だったのですね。

一つひとつの言葉を、丁寧に、心を込めて（こうすると、同じ音＝言霊でも、周波数が格段に高くなります）語っていきたいと思います。

伊《イ》邪《ザ》那《ナ》岐《ギ》神《ノカミ》と伊《イ》邪《ザ》那《ナ》美《ミ》神《ノカミ》

古事記は言霊の解説書

またまた日本語シリーズ第三弾です。

前述のところで、仮名は神名とお伝えしましたが、なぜ、それがそうなの？　と聞かれると、実は私にもわかりません。古代から密かに伝わった言霊の書や、和歌の奥義書に、そう記されていたということです。

ただ、その神名と仮名における、作用、表われ、順番の相関関係を示唆している書があり、その文献と照合することで、納得のいく理解が得られるようになります。

それが古事記です。

三巻ある古事記の上つ巻と呼ばれる、神代を表している部分が、実は言霊の解説書でもあったのです。

といっても、そのままズバリ書いていたわけではなく、たくさんの比喩や暗喩、象徴を用いて、いわば「なぞなぞ」のスタイルで、わからないように書いてあるのです。神代の話を、ただの物語と思って読んでしまうと、ちょっとエロかったり、残酷だったりするシーンが時々出てくるので、なんだかなぁと思うかもしれませんが、それは皆、メタファーとして比喩的に表しているためであり、言霊の見地から紐解いていくと、お見事といえるほどに、音の性質や成り立ちを、よく言い当てているなぁと、古代人の想像力と見立ての力に感動するのです。

さて、そんな古事記の中でも、特に印象的な場面である、伊邪那岐神《イザナギノカミ》と伊邪那美神《イザナミノカミ》についての、言霊的解釈をしていきたいのですが、まず、伊邪那岐という男の神様は、言霊でいえば「い」という言霊に置き換えられる神様です。

一方、伊邪那美は「ゐ」という言霊になります。(言霊＝ことだまというのは、言

葉が持つエネルギー（霊＝ひ）のことです）

天之御中主神から始まり、高御産巣日、神産巣日《カミムスビ》…と次々と神様（音、量子の波）が生まれていき、神代七世《かみよななよ》の最後の二柱《ふたはしら》である伊邪那岐と伊邪那美は、二人で協力して国生みを始めます。

この国生みというのが、子音を産むということで、天沼矛《アメノヌボコ》で掻《か》き廻すというのは、その形が示す通り、舌をいろいろ動かして、音を発生させるということでもあったのです。

また、伊邪那岐が示している世界は、誘《いざな》う「気」の世界であり、目には見えない精神性の部分です。

一方、伊邪那美が示している世界は、誘われる「身」の世界で、目に見える物質世界のことでもあるのです。

精神から物質へ

先の理論物理学者との共同研究では、この働きは、四つの力のうち、電磁気力に相当するもので、電磁気力はそのまま三次元世界においても、直接影響を与えられるものであるため、まさしく物質世界を誘う、「創造神」と呼ばれるにふさわしい、尊き偉大なる力の神様、という見解を持っています。

というわけで、伊邪那岐から伊邪那美へ、精神から物質へ、想像は創造へ、そして、エネルギーは物質に、波動性は粒子性へと変化し、音は、「い」から「ゐ」へと、五十音の横列を辿って到達します。

この「い」から「ゐ」に行く道のことを、「イの道（チ）」＝イノチと呼び、「い」と「ゐ」へといたる一瞬の間のことを、「イ間（ま）」＝今と呼ぶのだそうです。

はぁ、そういうことだったのかぁ…（↑ため息交じりの独り言です）。

いのち、いま、私たちが今、ここにいること、あること、そのものが、伊邪那岐と伊邪那美の行き来の過程であり、それはたった今、この瞬間に、すべてが畳み込まれていたんですね。まさしく、永遠の今です。

余談ですが、日本語の「イマ」という言葉は、時間も空間も同じ、イマ（今・居間）で表すことが出来ます。

それは、もともと「マ」という言葉が、時間と空間の両方を示す言葉であったからなのですが、最新の科学が示す、時間と空間の本質は一体不可分であるという定理を、はるか昔（一万年以上前）の古代人たちは直観的に体得していたともいえるのです。

なんと有難き言語を、語ることができているのでしょう（しかも世界一習得が困難といわれる言語ですよ！）。

この言葉を、後の子孫へと継承していくものの一人として、誇り高く進んでいきたいと思います。

〈おまけ〉　息をする＝イ気、　伊邪那岐神の気を受けるという意。

意識＝イ止気、伊邪那岐神の気が留まっている（止まっている）という意。

次元の階層と意識

精神圏の世界

あなたは「ヌースフィア（ノウアスフィア）」という言葉をご存知ですか？

これは、ウラジーミル・ヴェルナツキー（ウクライナの地球化学者）とピエール・テイヤール・ド・シャルダン（フランスの古生物学者）が提唱した、「人間の思考の圏域」という概念です。

ギリシャ語のヌース（精神・思考）と、スフェア（球・空間）を掛け合わせた合成語なのですが、生物が暮らすステージであるバイオスフィア（生物圏）に対し、そこからさらに進化したステージである、人間の思考領域の場を、精神圏・ヌースフィアとして表したのです。

現在のところは、インターネット空間の知識の集積の比喩として使われることが多く、まだバーチャル上のたとえという意味あいが強いのですが、実際はすでに、この精神圏の世界が出来つつあるのを感じています。

というのは、今までの物質的な価値観、目に見える世界から、時代は確実に、目に見えないもの―情報に対して価値を重んじるようになったからです。

ネット上では、すでに国境の壁は取り払われ、ネット王国とも呼ぶべき、地球上最大となる数十億人が所属する、グローバル国家（空間）が出来ていますし、その中でも、さらに分化して、それぞれが観ているネット空間での意識の繋がりやコミュニティが出来ています。

その意識空間を俯瞰《ふかん》すると、それぞれが持つ空気、質感、周波数を持っていることを感じ取ることが出来ますが、私たちは知らないうちに、自分自身が選択した意識の場へ、気持ちを傾注し、その周波数帯と同調しています。

もっとも、ヌースフィアと呼ぶときは、意識の場の中でも、より高いステージへといたることが出来る、高い精神性の領域を示すことが多いのですが、今まさに、私たちはヌースフィアの扉を開けようとしているのではないでしょうか？

この概念を、物理学の最先端の理論である「超弦理論《ちょうげんりろん》」（身のまわりの物質は、きわめて小さな「ひも」が集まってできているという理論）に当てはめて、次元が持つ精神性のありかたを、ごく簡単に説明してみたいと思います。

三次元から九次元へ

まず、三次元世界というのは、物質世界そのもので、自分も他者も共通して認識できる「物質」が存在し、評価の基準となる世界のこと。

「物質」に対して価値を置くため、モノの奪い合いが起こってしまう世界でもあります。

次に五次元世界（四次元は、超弦理論としては、余剰次元として観測できないため、基本的にはカットして考えます。六次元、七次元、八次元も同様）は、他者の存在を認識することで、限定された自己の意識（自我）が生まれ、他者の評価で自分の価値を測る世界。そのため、劣等感や嫉妬《しっと》などが生まれやすい世界でもあります。

この五次元世界が、前述（78ページ）でお伝えした、自分軸の中の、自分自我軸という世界です。自分自我軸とは、別名、「我がまま軸」とも呼んでいいもので、「我（我ら）だけ、今だけ、ここだけ」よければ、他はあまり気にしなくてもよい、といった指向性になります。

もし、自らの内なる囁《ささや》きの声が、自分の本質である真我、もしは高次の自己からの声なのか、あるいは、自分の自我であるエゴセルフからの声なのか、判断がつかない場合は、その結果や周りの反応を見ることで、容易に識別が付くでしょう。

たとえ、一時的に上手くいったとしても、自分自我軸で動いてしまった場合は、自然と人が離れていってしまうことでしょうし、そうではない場合は、自分の近くにいる人の行動や思考を観察することで、自分がどんな意識を持って動いているかを確認することが出来ます。

この五次元世界と、そこから九次元世界へといたるステップの中で、気を付けないといけない意識のあり方としては、「自分（自分たち）は特別である」とか「選ばれている」ととらえ、他の人たちと区別して、無意識に自らの優位性を示そう（マウントをとろう）としたりすることです。

あるいは、仲間内だけしか通用しない概念や言葉をもって、その世界観からしか、ものをとらえない場合も含まれます。

ですので、常に全体像を観る心をもちながら俯瞰し、バランスを図って進んでいくことが大切です。

具体的には、「拒否・判断」というあり方で物事をとらえるのではなく、拒否から受容へ―自分と異なる存在がいることの方が、より自然であるので、違いを受け入れるということ、そして判断ではなく識別を―判断によってランク付けをする正否、優劣の世界から、特徴・性質をよく観察し、見分けていく世界へと、意識の方向付けをしていったらよいと思います。

こうすることで、五次元から九次元の間にある、トラップ（罠）に引っかかることなく、無事、九次元への扉を開けることになります。

九次元の世界

さて、九次元世界とは、いったいどんな世界なのでしょう？

それは、一言でいうならば、体験を共有する世界です。重ねていうと、体験の積み重ね、切り分け（分類）がものをいう世界であり、その多様性と経験の質と量が、ますます全体を栄えさせていく集合知の次元です。

つまり、自らの体験が、全体の繁栄に繋がることを知っている次元であり、同様に、他者の体験も、拡大された自己の一部としてとらえているため、集合意識という意識のクラウド全体が、底上げされていくイメージだととらえるとよいと思います。

この感覚が身についてくるうちに、五次元までの世界では大きな障壁となっていたであろう、嫉妬や劣等感、恨みつらみといった感情は不要となり、代わりに、情熱や喜びという感情が湧き上がり、共時性と共感の中で、ますますスムーズな流れが生まれていくことでしょう。

とはいえ、九次元世界において、自己の意識がなくなるわけでは決してありません。しっかりと自己の意識が存在している世界であり、個の確立が為されている世界でもあります。

だからこそ、その個が持つ特性・個性・性質を存分に生かしてあげることが大切なのです。

その意味で、自分が興味・関心のある経験や体験をしていくということは、失敗とか成功といった二元性の枠組みを越えて、そのまま集合意識全体のアップデートへと繋がっているのです。

本当に「我」という存在自体が、実に尊く貴重な存在であり、その歩みそのものが経験知（データ提供）となって、宇宙進化に寄与している、ということです。

超弦理論でいう九次元世界（超弦理論では九次元が初期設定の次元といわれています）へ、意識変容することが、シャルダンたちのいう「ヌースフィア」の次元であると、私はとらえています。

現実社会での次元の現れ

では、この三次元・五次元・九次元の世界観を、暮らしの中に置き換えてみてみることにしましょう。

すると、もうすでに三次元世界は終了して、すでに五次元世界に入っていることがみえてきます。

なぜなら、今現在は、物質的なものに意識を向けるよりも、人からの評価─たとえばＳＮＳなどでの「イイネ！」がたくさんもらえることの方が嬉しいからです。

こうした「承認欲求」を満たそうとする段階は、マズローの欲求五段階説の中での、四番目にあたる段階で、「自己実現の欲求」までへもいたっていないことになります。

また、脳が持つ三層の構造（爬虫類脳・哺乳類脳・人間脳）のうち、大脳旧皮質の哺乳類脳が活性化して生きている、ということにもなり、つまりは、群れをつくって、その中でマウンティングしながら、評価され、認められることに価値を置く意識のあり方である、ということになります。

私たちは、確かに哺乳類ではあるけれど、霊長類のトップである人間なので、せめて、人間脳（大脳新皮質）をしっかり使って、誇り高く、かつ思慮深くありたいと願っています。

ちなみに、三層の脳の考え方でいうならば、超弦理論が語る九次元世界は、人間脳のさらに外側にある「超意識脳（超人間脳）」ともいえる、トランスパーソナルな領域にある、意識の脳を活用します。

具体的には、瞑想や内観などを通して知覚する世界であり、直観や内在の智慧《ちえ》、空、ワンネス、ゼロポイントフィールド、真我、本質、高次の自己など、さまざまな名をもって示される世界です。

こうして、私たちは確実に意識の回廊を上がり、より高い精神性の次元で、自らが暮らす活動領域の中心を移行し始めていると確信します。

時代でいうならば、昭和は三次元的価値観、平成は五次元的価値観、そして令和となった今は、五次元から九次元的価値観へと、個人の意思とタイミングにゆだねながら、シフトを図っているともいえます。

実のところ、**すべてはベストタイミング**なのです。

遅くもなく、早くもなく、ちょうどいいときにちょうどいいだけ、ちょうどいいように起こっている世界―それは、各々の意志と意識の深奥に触れる旅でもあり、自己への深い信頼と共に、大いなるものに全託する生き方でもあります。

アクエリアス、風の時代となった今、時代の風に乗って、微笑みながら波乗りしていきましょうね。

母音が示す五つの次元

日本語のもつ性質

ここで再び、日本語・言霊の世界に戻って、次元の話をしてみたいと思います。
実は、私たちが何気なく使っている五つの母音は、そのまま、それぞれに特性を持つ、五つの次元に分かれているのですね。

もちろん、どれが凄《すご》くて、どれが劣るといったとらえ方ではなく、どれも必要があって、それぞれに価値と役割、特性があるといった見方で感じていただけたらと思うのですが、次元の段階としては、確かに高低は存在しています。

一番原初となる次元は「う」、次に「お」、以下「あ」「え」「い」という順番で、次元が上がっていきます。

次に、それぞれの特性を上げていきますね。（高次元から記していきます）

	性質	発展形	気根	心理
い	創造意志	創造原理	生命の力	生命意志
え	知恵	道徳実践知	叡智の力	理性
あ	感情	芸術・宗教	愛の力	感性
お	記憶・経験	学問・科学	気胆力	悟性
う	欲求	産業・経済	行動力	感覚

これらの音（言霊、固有の振動）が持つ特性をよく観てみると、自分が今、何を中心として物事をとらえているのかが、見えてきます。

おそらくこの中のどれかに属しているはずです。

といっても、ずっと同じ音の次元というわけではなく、それぞれの物事や出来事によって、選ぶ場所が異なっているかもしれません。

たとえば、ある出来事を体験したとき、「だって、こうしたいのだもの」といって自分から生まれてくる欲求を中心に選択した時は「う」次元、「今までの経験値によると〇〇だから、私はこれを選ぼう」とする「お」次元、「私はこう感じている」とか、感情の導きによって決めていく次元が「あ」次元、いろいろある中から、知恵と工夫をもって最適解《さいてきかい》を選び出していくのが「え」次元、そして、宇宙の意志そのもの、生命原理ともいえる「い」次元です。

この次元の段階を仏教に置き換えると、「う」衆生《しゅじょう》、「お」声聞《しょうもん》、「あ」縁覚《えんがく》、「え」菩薩《ぼさつ》、「い」仏となり、インド哲学では、「う」ブラフマー、「お」カルマ、「あ」アートマン、「え」ダルマ、「い」プラーナとなるようです。

ちょっと難解になってきたので、五つの次元を、その音の言霊を含む、ごく簡単な日本語に置き換えても起きますね。

それは、「う」↓生まれる、「お」↓思う、「あ」↓愛する、「え」↓選ぶ、「い」↓生きる、です。

生まれて、思って、愛して、選んで、生きる、しかも生き生きと！　こうして日々、生まれては思い、愛し…を繰り返しながら、我というういのちの旅を楽しんでいるよ、ととらえると良いかと思います。

こうしてみてみると、どの要素も生きていくには必要不可欠で、大切なことだというのが見えてきます。

ところで、今、地球上に生きている多くの人たちが選択して生きている次元はどこであると思いますか？

それは、「う」の次元。

欲望、欲求が生きる中心となることで、産業や経済が発達する次元です。

それを後押しするものとして、「お」の次元である、学問や科学が底支えしています。

この「う」の次元を担当する神として、須佐之男命《スサノオノミコト》があてられていますが、古事記のストーリーが示すように、荒々しく勢いのある神として、物事をどんどんと展開させていきます。

だからこそ、物質次元の象徴である、産業や経済を発達することが出来、現在における豊かな物質文明の社会が出来上がった、というわけです。

けれども、その原動力となる「欲求」が、肥大した自我を満たすための欲求を原動力とするならば、大宇宙生命意志の想いである「生成発展、大調和」の志とは異なる方向性であるため、ある程度の進化までしか果たせないのです。

すでに原子力をはじめ核技術、ナノテク、人工知能、量子コンピューターといった最新テクノロジーを手にした人類は、物質文明の飽和点《ほうわてん》を迎えているともいえます。

このまま、「う」次元の精神性をもって進んでしまうと、地球と人類の未来さえ危うくなってしまうことは、誰しもが感じるところではないでしょうか。

ということは、早急に、異なる段階の次元へと、生きる中心となるものの見方―観点をシフトさせないといけません。

では、宇宙の意志、そして日の本の神々、先祖たちの想いは、いったいどこの次元を中心に、生きてほしいと願っているのだと思いますか？

それは、「え」次元の世界です。

神様の名でいえば、「天照大御神《アマテラスオオミカミ》」として示される、知恵と叡智の世界です。利他的で思いやりのある、すべての幸せを願いながら、その時々の最適解を導き出し、動いていく世界です。

この次元を、神道の世界では「天津太祝詞《あまつふとのりと》」として表し、その世界へといたるよう、禊《みそぎ》払いをしていく、というわけです。

仏教世界にたとえると、お釈迦様の意志をくんで、仏の御心のままに衆生を救おうとする菩薩の世界―菩薩道の生き方でもあります。

「う」の次元から、「お」次元（経験・記憶）や「あ」次元（感情）も飛び越え、一気に智慧の次元へと三段跳びするハイジャンプ！　の次元シフトが始まっています。

実は、言霊のさらに奥深い世界を学んでいくことで、いかにして「え」次元へと到達すべきかのやり方が示されているのですが、その部分を書いていくと、膨大な量になるので、本書では割愛させていただきますが、もっとも大切であると思われる部分は、しっかりお伝えしたいと思います。

「え」次元―天照大御神が指し示す次元へといたる道の方法

1　吾《われ》という存在の本質を知ること。

2　天意に沿って生きようと努めること。

3　素直に明るく、正直に生きること。

という三つです。具体的に説明していきます。

1の**吾《われ》という存在の本質を知ること**というのは、ずばり、私たちは神（大いなる意思・サムシンググレートでもＯＫ）から生まれた、分け霊《ヒ》、分け御霊《ミタマ》であり、その輝かしくもいと高き本性を、たった今、この瞬間、我が内に抱いて生きているのだという自覚を持って生きるということ。

2の**天意に沿って生きようと努めること**は、大いなる意思の自覚体となった我が、その意に沿うよう生きようと邁進《まいしん》すること。これを神道では、神ながらの道と呼びます。または、誠の道と言ったりもします。

天（神）の心に寄り添いながら、自己を活かしていく生き方です。

（ちなみに神道とは、いわゆる「宗教」というよりも、日本人が古代から継承してきた、民衆の素朴な信仰感情や習俗、慣習の総体が元となっており、その教えは、ご先祖様でもあり、自己の本源でもある「神」に帰依《きえ》する道のことです。つまり、神道は心道、どのような心持ちで生きていけば、神様の心と一つになれるかを示していった、教え無き教えともいえます）

３の**素直に明るく、正直に生きること**とは、素直な心を持ち、明るく朗らかに、真っすぐ正直に生きる、ということです。

古来、嘘をつくことは死ぬより恥ずかしいことと思われていました。正直であること、誠実であることが、とても大切であるということです。

言い換えれば、身口意《しんくい》の一致ということも出来ますね。言ったこと、思ったこと、行うことを揃えるように努めていくのです。

だからこそ、誠《まこと》は、真言《まこと》となり、真事《まこと》となって、想いは形に、またその形の中には「神ながら」の天意が宿っているので、ますます豊かに栄えていく、ということです。

この、素直さ、明るさ、正直さを持った生き方を遂行していくために、古代の人たちは、こんな言葉で表していました。

「**お天道様が見ているよ**」です。

誰が見ていなくても、お天道様はちゃーんとすべてを見ている。だから悪い行いなどせずに、いいことをして、お天道様に恥じない生き方をしよう。

そうして陰徳《いんとく》を積みながら、徳の高い生き方を目指したのですね。

ひざまずいて神に祈り御神託を受ける「令」を持って、「和」する世界を創っていこうとする令和の元号は、まさしくこの国の最高神である「天照大御神」のみこころそのもの、でもあります。

しかもこの元号は、「梅の花」の序から取っています。
梅とは「う」の「め」、まさしく「ウ」次元である「須佐之男命」が導いていった物質世界の繁栄に、一旦終止符を打ち、「ウ」の芽が飛び出し、変化《へんげ》して、次なるバージョンの世界にいきます。

一寸先は、光

そこは、同じ欲でも、自我の欲ではなく、大我の欲—我が命、大いなる意思の受け皿として、のびのびと楽しげに使ってあげましょう。そんな、一人ひとりのいのちの「ひ」がキラキラと輝いている世界が、地上の高天原となる、一人ひとりが「アマテラス」となる世界なのだと思います。

あまねく照らす「アマテラス」。
地上に降りた神。それは、吾自身であった！

この気づきを持って生きるとき、世界は優しく微笑みかけ、新しいステージの扉が、紫雲《しうん》の間から開けていくことでしょう。

風の時代が指し示す先には、明るく強くあたたかく、微笑みかける太陽が、燦然《さんぜん》と輝いています。

すべては導かれています。　すべて順調です。

一寸先は、光です。

闇などではありません。

闇というものの正体は、漢字をよく見るとわかるように、日が立ち上ることで、門が開くという意味。

つまり、天岩戸《あまのいわと》開きのことでありました。

一人ひとりがアマテラス。
地上に降りたアマテラス。
それが我という存在の本質です。

どうぞ明るく素直に正直に、光を抱いて進んでまいりましょうね。

あとがき

頬を撫でる風が少しずつ和らぎ、春の気配を感じる頃、本書を一気に書き下ろしました。

集中して取り組むために、本文部分は断食をしながら執筆していたのですが、食断ちをすると、やはり頭の中がクリアーになるので筆を進めやすいのです。

五日間程、厳格ではないファスティング状態で臨んだのですが、脱稿後、疲れるどころかますます元気になって、心なしか肌艶《はだつや》も良くなっているようでした。

普段はつい、いかに身体に良いものを食べるかということばかりに意識が向きがちなので、むしろ「摂《と》らない」ほうがかえって、身体にも仕事にも好循環をもたらすことに（おまけにお財布にも優しい）、いのちのしくみって、上手くできているよなぁと感心してしまいました。

さて、今回の執筆中にちょっとしたエピソードがありましたので、ご紹介したいと思います。それは、原稿が完成し、出版社へと送った翌朝のこと、起きがけに、かつてよく行っていた法隆寺の五重塔が表れて、そこに大きな曲尺《かねじゃく》がポンッと上にのっかったビジョンをみたことです。

その途端、(あ、これは大和比のことだ! このことを書けということかな!?)と思い、加筆する旨を編集者に伝えました。

「大和比」については、絵描きという職業柄、ある程度の知識はありましたが、表面的なことしかわからなかったので、今回、さまざまな文献を調べ、勉強をしました。体感的につかみたかったので、立体模型をいろいろと作り、分度器やコンパスで測りながら、慣れない計算と格闘しているうちに、どんどんハマり込んでいきました。真四角の周りに、丸の形が浮き上がる大和比と、五角形の中に星型が浮かび上がる黄金比。しかも黄金比は、螺旋《らせん》を描きながら指数関数的に伸びていきます。

どちらも生命のリズムに、しっかりと刻まれているいのちのかたちです。

すっかり魅了された私は、街を歩いても、ついその形がないか探すようになり、突如、黄金比・大和比ハンターへと化しました。

すると街中には、黄金比はあるものの、圧倒的に大和比が勝っていました。正方形に溝がある歩道の模様、信号機の丸にマンホールの蓋、お店などのシンボルマーク…そして、太陽まで！

私はまぶしい太陽をチラ見してから、心の中で、その中に直径と直角の線を入れてみました。…OK、これで出来上がり。

（おひさまの中にも、大和比があったんだなぁ。ずっとあったのに、知らないでいたなぁ）そう思った途端、なぜか急に、込み上げてくるものがありました。

声高に言わずとも、凛《りん》と誇り高くそこにいて、支え続けてくれていた比率。

一見、無骨《ぶこつ》に見えて、底には深い優しさと思いやりがある比率。

それが「大和」の名を冠した大和比と、私たち、大和の民に流れていた底脈であることを感じたからです。

木のいのちをすべて生かそうとする心―「もったいない」が生んだ大和比は、いつの日かこのことを、自らの内から自然と理解されるまで、辛抱強く待っていたように思えました。

夕方、再び、太陽を見ようと海へと向かいました。

お天気が良かったせいか、浜辺では、すでに十数人ほど、夕陽を眺めている人がいます。犬のお散歩をしている人たちもいました。

その人たちの後ろに伸びる影が、どんどん長くなるにつれて、空がオレンジ色に染まり、太陽が赤みを増していきます。その太陽の真下には、水面が金色に輝き、一条の光の筋を放っています。

やがて太陽が水平線の向こうへと消えていく時、私は思わず両手を合わせ、こうべを垂れました。ふと見ると、私より前の方にいる人も、同じような恰好《かっこう》をしています。

その姿を見た時に、ふと時空を超える感覚がありました。

きっとこうして、我が国の人たちは、遠い遠い昔から、お日さまに手を合わせ、祈ったり、お話したりして、心を通わせていたのかもしれないなぁ、と思いました。

まあるいお日さまの、まあるい心。

日本の旗にあるまんまるな赤は、こんなお日さまの心を、人々の内に反映したものだったのかもしれませんね。


ところで、大和比について調べていく中で、思わず声をあげてしまったことがあります。それは大和比の数式を表すときに、τという字を使うことを知った時。

そう、タウです。

あの、フランチェスコと同じ文字が再び出てきたのでした。なんだ、この出来すぎな展開は!?　と思わずツッコミをいれそうになりながら、軽く目を閉じ瞑想してみると、すぐさま、いたずらっ子のような眼をした、フランチェスコの顔が浮かびました。

再び、墓所の前で頂いた言葉──「のびやかに、かろやかに、あなたのままに」を、心の中でつぶやいてみます。すると即座に脳裏にあるイメージがやってきました。

まず、「のびやかに」と言うと、黄金の螺旋の束が勢いよく現われ、クルクルと弧を描きながら、天へと飛翔していく姿が現れました。

次の「かろやかに」では、その螺旋の中を、輝く光の珠《たま》が、軽やかに駆け上っていく様子。珠は、一見シャボン玉のような感じですが、よくみると中には、大和比がしっかりと両手を広げていて、透明な光に満たされ、張り詰めています。

最後の「あなたのままに」では、その黄金の螺旋の下から、一陣の風が吹き上げてきて、軽やかな光の珠たちが舞い上がっていく姿です。

風は気まぐれに強さを変えて吹いているようで、そのたびに、光の珠が乱舞し、七色に変化します。その姿はまさしく天衣無縫《てんいむほう》、天真爛漫《てんしんらんまん》といった様子で、舞い踊りながら、黄金の螺旋を駆け上っていくのでした。

…なんて、美しいのだろう、そして楽しげなのだろう…。思いもかけないビジョンに驚きつつ、一連の物語の幕がひとまず閉じたように思いました。

とはいえ、一つの終わりは、新たなる始まりの物語が幕を開ける、ということでもありますものね。

さて、本書もいよいよ筆をおくときが近づいてきました。

窓の外を見上げると、日中の太陽がさんさんと輝いています。強い白色光なので、直視することはできませんが、この色は光の三原色で出来ているのです。

光の三原色は、すべての色が混じり合うと白色になります。

その白色をさらに強めると（実体を突き詰めていくと）、無色透明になります。

透明とは、なにもないのではなく、すべての色が包含されている光の色なのです。


私たちの世界には、透明が溢れています。

透明なので、眼には見えないけれど、そこかしこにあります。

風も透明な光の流れです。

その風に吹かれながら、私たちは今ここを、私という個性を通して、見て感じて味わって生きています。

これも肉体があるからこそできること。

肉体がある世界は「色の三原則」が支配する世界です。色を全色混ぜ合わせてしまうと、どす黒く、真っ黒に見えてしまうのです。

けれども、実相の世界からものを見渡した時、それさえも光そのものであったことに気づかされます。いえ、むしろ、最も集約されたパワフルな光の束ともいえます。

つまり、真っ黒になって見えたもの＝「闇」とは、すべての光が集まって、密度濃く、パンパンに張り詰められた状態のことだったのです！

この種明かしを知ってしまった以上は、もう「闇」を必要以上に畏《おそ》れることはありません。

闇とは、飲み込まれるものではなく、光へと転じる道具であり、変わりゆくオブジェのようなものであるからです。

だから、大丈夫。

きっときっと、大丈夫。

自らの内なる光を照らした時、闇はその役目を終え、本来の光へと戻っていきます。

一寸先は、光です。

これが宇宙の真実だったのです。

これからも、自ら自身をあかりとして、仲間と共に、希望の灯をともしながら、生きていくことを意図したいと思っています。

最後までお付き合いくださり、ありがとうございました。

なお、本書の刊行に際しまして、何度も足をお運びくださり、ご尽力くださいました青林堂の蟹江社長、渡辺取締役に深く御礼申し上げます。

また、家族や友人、仕事仲間、そして、この本と御縁を紡いでくださいました大切な光の仲間たち―あなたという存在に、心よりの感謝をお伝えしたく思います。

どうぞお元気でお過ごしください。それではまた次の本でお会い致しましょう。

令和三年春分の日に

はせくらみゆき

はせくらみゆき

画家・作家。

生きる喜びをアートや文で表すほか、芸術から科学、ファッション、経済までジャンルにとらわれない幅広い活動から「ミラクルアーティスト」と称される。日本を代表する女流画家としても活動しており、2017年にはインドの国立ガンジー記念館より、芸術文化部門における国際平和褒章を受章。2019年には国際アートコンペ（イタリア）にて世界三位となるなど、世界の美術シーンで活躍している。他にも雅楽歌人としての顔や、日本語新発見ツール「おとひめカード」、次世代型学習法の開発など、様々な教育コンテンツを発表し、各界より高い評価を受けている。主な著書に『コロナショックから始まる変容のプロセス』（徳間書店、2020年）、『宇宙を味方につけるリッチマネーの法則』（徳間書店、2017年）、『OTOHIME』（Neue Erde in Germany、2020）他、40冊以上の著作がある。

一般社団法人あけのうた雅楽振興会代表理事。英国王立美術家協会名誉会員。

はせくらみゆき公式WebSite　https://www.hasekuramiyuki.com/

（社）あけのうた雅楽振興会　https://www.akenoutagagaku.com/

一寸先は光です

――風の時代の生き方へ

令和3年5月10日　初版発行
令和6年1月16日　第3版発行

著　者　はせくらみゆき
発行人　蟹江幹彦
発行所　株式会社　青林堂
〒150-0002　東京都渋谷区渋谷3-7-6
電話　03-5468-7769
装　幀　TSTJ inc.
印刷所　中央精版印刷株式会社

Printed in Japan

ISBN 978-4-7926-0701-2